古典
新读

「道」への回帰

《老子》:回归于『道』

[日] 神冢淑子 著
张蓓 译

Simplified Chinese Copyright © 2021 by SDX Joint Publishing Company.
All Rights Reserved.
本作品简体中文版权由生活·读书·新知三联书店所有。
未经许可，不得翻印。

ROSHI: "MICHI" ENO KAIKI by Yoshiko Kamitsuka
2009 by Yoshiko Kamitsuka
Originally published in 2009 by Iwanami Shoten, Publishers, Tokyo. This simplified Chinese edition published 2021
by SDX Joint Publishing Co., Ltd., Beijing
by arrangement with Iwanami Shoten, Publishers, Tokyo

图书在版编目（CIP）数据

《老子》：回归于"道"/（日）神冢淑子著；张葹译.—北京：生活·读书·新知三联书店，2021.11
（古典新读）
ISBN 978-7-108-07218-4

Ⅰ.①老… Ⅱ.①神…②张… Ⅲ.①《道德经》－研究 Ⅳ.① B223.15

中国版本图书馆 CIP 数据核字（2021）第 153256 号

责任编辑	赵庆丰
装帧设计	薛　宇
责任校对	常高峰
责任印制	张雅丽

出版发行　生活·讀書·新知 三联书店
　　　　　（北京市东城区美术馆东街 22 号 100010）

网	址	www.sdxjpc.com
图	字	01-2018-6217
经	销	新华书店
印	刷	三河市天润建兴印务有限公司
版	次	2021 年 11 月北京第 1 版
		2021 年 11 月北京第 1 次印刷
开	本	850 毫米 × 1168 毫米 1/32 印张 6.25
字	数	128 千字 图 14 幅
印	数	0,001－6,000 册
定	价	39.00 元

（印装查询：01064002715；邮购查询：01084010542）

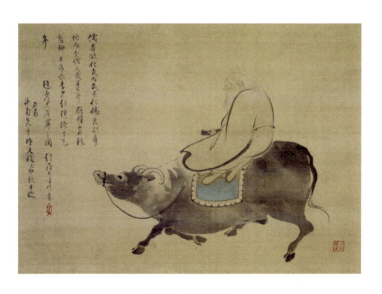

酒井抱一《老子像》
绢本着色,文政二年(1819),千叶市美术馆藏

目　次

序　言　/1

第一部分　书籍的旅程
　　　　　作为中国宗教思想的基轴

第一章　《老子》诞生之谜　　/7
第二章　如何解读《老子》　　/28
第三章　老子与佛教　　/61
第四章　老子与道教　　/82

第二部分　畅游作品世界
　　　　　《老子》的话语——"道"之教诲

第五章　始于"道"　　/103

第六章 回归根源之"道" / 115
第七章 对文明的警告 / 130
第八章 "圣人"之治 / 146
第九章 知足；柔韧地生活 / 162

结　语 / 181
参考文献 / 185

序　言

　　《老子》作为中国古代经典的代表作之一，其地位可与《论语》比肩。不仅是在中国，在日本《老子》从古到今也被广泛诵读。同样，《老子》在欧美国家里也很早就引起了人们的关注。迄今为止《老子》被翻译为英语、法语、德语等多种语言，出版的译本数量众多。《老子》中阐述的"道"，在中文里读作"DAO"。而"DAO"[1]已经成为欧美国家通用单词。

　　《老子》全书仅五千余字。这本短小的著作被分为八十一章，用类似于箴言集的文体写成。书中的"天道无亲，常与善人""天网恢恢，疏而不漏""大器晚成""和光同尘"等都是日本人熟悉的词语。

　　人们对《老子》进行了多种多样的解读。中国古代的注释书籍中，有的从形而上学的角度关注对"道"的思想性解读，有的将《老子》解释为一部阐释养生思想的著作，有的从政治层面解释其思想，有的结合儒家思想对其解读。近年来，有人尝试用身体理论的观点去解读《老子》，也有人将其置于现代社会这个大课题中试着从环境问题的视角去理解书中的话语。正是具备了这

---

[1] "DAO"即"Daoism"或"Taoism"。英语世界一开始用威妥玛式拼音法将"道"译为"TAO"，而现在则多用汉语拼音法将"道"译为"DAO"。——译注

种跨时代多视角的解读性，《老子》才不愧为古典著作中的经典。

一部著作，必然有它的作者或编者。然而《老子》的作者或编者究竟是谁？生活在哪个年代？这一问题尚没有明确的答案。包裹在层层迷雾中的真相早已成为传说，而传说又增加了其神秘性，致使老子被神格化。神格化的老子成了中国本土宗教道教中的重要人物。另一方面，当印度的佛教传到中国，被传说化、神秘化的老子与佛陀发生了错综复杂的关联。老子与佛陀被等量齐观，这对佛教在中国的广泛传播起到了重要作用。老子与佛陀的同一化，是因为当时有人认为《老子》中阐述的思想与佛教思想相似。《老子》中的"道""无为""自然"等思想形成了中国宗教观的基础，这些思想又逐渐与佛教中的"涅槃""空"等思想交织在一起。

如此，《老子》这部著作与其作者——被传说化的老子，对中国的宗教观以及中国佛教、道教的发展进程和方向起到了重大的促进和指引作用。如果《老子》这部著作不存在，中国的宗教也许会发展成另一种状况。想必也会影响到自古以来吸收了中国各种文化的日本思想、日本宗教的发展历史。

基于上述背景，本书的第一部分将介绍从《老子》问世起直到唐代的主要注解著作，进一步说明老子与佛教、道教的关系。

如前所述，《老子》一书有多种解读方式，这与《老子》阐述的内容涉及诸多方面相关。《老子》中，有万物始于"道"的宇宙生成理论，也有人的生活应当遵循于"道"的处世论，还有无为而治的政治理想以及对儒家思想的批判。这部著作篇幅虽短,却内容颇丰。

《老子》上篇三十七章、下篇四十四章,共计八十一章。这些章节论述短小精辟,阐述了方方面面的内容。《老子》上篇称为"道经",下篇称为"德经"。全书八十一章并非根据内容排列,有时同一方面的内容被分散在相距较远的章节中阐述。因此,想要全面地把握《老子》的思想,最好打乱章节的顺序,集中阅读内容相似的章节,这样的阅读方式更便于理解全书。

所以,本书的第二部分将《老子》的思想分为五个主题,选取具有代表性的章节对各个主题进行简单易懂的分析讲解。由于篇幅有限,八十一章中仅选取了三十个章节,不过在对相关内容讲解时也涉及没有被选取的章节内容。在撰写本书时笔者着力于清晰的阐述分析,希望初次接触《老子》的读者也能清楚地理解该书的内容。《老子》的魅力,还体现在其独特的文体上。因此,在内容的讲解之外,本书也将关注《老子》的写作方式。时隔两千年,《老子》中精辟深邃的言语依旧具有直指人心的力量。笔者希望通过本书与读者一起倾听并思考《老子》的话语,让《老子》所构建的世界更贴近我们的生活。

第一部分

书籍的旅程
作为中国宗教思想的基轴

第一章 |《老子》诞生之谜

"天网恢恢,疏而不漏"——易州龙兴观碑

《老子》一书从何而来?围绕这一问题迷雾重重。为了解开这个谜团,世界各国的研究者不断努力,用尽了各种手法。《老子》究竟何时写成?是战国时代,还是在之后的年代?众说纷纭中大家展开了激烈的争论。同时,许多研究者也在试图还原《老子》成书时最初文本的面貌。然而在当时,值得信赖的古代史料文献仅有《史记》中的《老子传》[1](关于这一点将在之后叙述),因此上述诸问题难以得出结果,研究即将陷入僵局。

在这种情况下,中国的大发现震惊了所有研究者。并且,举世震惊的大发现不是一次而是两次。首先,1973年12月湖南省长沙市马王堆第三号汉墓出土了两种《老子》。这是第一次大发现。因为这次发现的《老子》书写在绢上,故被称为帛书(帛乃绢之意)《老子》。恰好20年后的1993年冬季,湖北省荆门市郭店在被判断为战国时代中期的第一号楚墓中出土了写在竹简上的《老子》。这是第二次大发现。此次出土的文献被称为楚简《老

---

[1]《史记》中关于老子的生平与韩非子合记为《老子韩非列传》。——译注

子》。帛书《老子》和楚简《老子》的出土确实是世纪大发现，对于研究《老子》诞生之谜的学者而言，可谓是名副其实、难能可贵的天赐恩惠。

在叙述帛书《老子》和楚简《老子》的具体情况之前，我想先谈谈易州龙兴观的《道德经》碑。这座石碑建立于唐中宗时的景龙二年（708），现在依旧保存在河北省易县。碑高199厘米，宽85厘米，其正面刻有《道德经》（即《老子》）上篇"道经"的正文，背面刻有下篇"德经"的正文。在帛书《老子》出土之前，该石碑上的《老子》是以完整形态保存的最古老的《老子》文本。

唐代的王室推崇道教，颁布敕命在各州建立道观（后文详述）。易州龙兴观也是其中之一。石碑正面上部碑额刻有"大唐景龙二年正月易州龙兴观为国敬造道德经五千文"。石碑侧面刻有二十余名道士及女冠（女道士）的名字，由此可知此碑乃道教相关者建成。

易州龙兴观碑的《老子》文本里有一点颇有趣味，那就是关于"天网恢恢，疏而不漏"这一句话。这句话在日本非常有名，意为做了坏事必然会受到上天的惩罚，并频频作为谚语使用。然而，现在的《老子》文本几乎均写作"天网恢恢，疏而不失"而非"天网恢恢，疏而不漏"。即通行的文本中认为"天网恢恢，疏而不失"才是正确的写法。本书的第二部分，使用了王弼（关于王弼会在后文中论述）的版本，该版本也是"天网恢恢，疏而不失"。然而，易州龙兴观碑上却是"天网恢恢，疏而不漏"。

易州龙兴观是皇帝命令修建的道观，刻在石碑上的《老子》

图1 易州龙兴观《道德经》碑(出自严灵峰《无求备斋老子集成》初编)

应是当时标准下值得信赖的文本。与此碑年代相近的唐代初期，李贤（高宗之子，章怀太子）召集学者为《后汉书》作注。其中，在为《杜林传》作注时引用了《老子》的这句话，也是写作"疏而不漏"。综合考虑，唐代初期的《老子》文本大多写作"疏而不漏"的可能性很高。不仅是唐代初期，再往上追溯至北齐魏收所撰的《魏书》，其中《任城王传》中所引用的《老子》也是"疏而不漏"。

那么，是否可以认为唐代初期及以前的《老子》文本一般都是"疏而不漏"而非"疏而不失"呢？也不能就此断言。河上公注（后文会有论述）中写道："司察人善恶，无有所失。"由此可以推测河上公作注时所使用的《老子》底本应是"疏而不失"。此外，敦煌写本的《老子》与易州龙兴观碑同为原始的唐代《老子》文本。所谓敦煌写本，是对20世纪初期在敦煌莫高窟第十七号洞窟（藏经洞）中发现的大量写本的总称，其中包括与《老子》相关的诸多文本。然而，虽然敦煌写本中残留了几种《老子》文本，却没有一种版本完整地包含了《老子》的八十一章。保存了"天网恢恢，疏而不漏"这句话的敦煌写本有十种，而这些版本均是写作"疏而不失"而非"疏而不漏"。因此也就无法断言唐代初期及其以前的《老子》文本通行的版本是"疏而不漏"而非"疏而不失"。

《老子》虽是一部仅有五千余字的短小著作，不同的版本却有很多文字差异。"疏而不漏"与"疏而不失"只是其中的一个小小事例。哪一种才是《老子》的最初版本呢？我们理应做出各方面的尝试以期复原《老子》的原始版本。

帛书《老子》与楚简《老子》的出土

如前文所述，1973年12月马王堆第三号汉墓出土的帛书《老子》推翻了易州龙兴观碑为现存最古老的《老子》文本的说法。这座汉墓建造于公元前168年，西汉文帝刘恒的时代。出土的帛书《老子》有两种版本，分别被命名为甲本和乙本。甲本是由带有秦朝遗韵的篆书和隶书之间的过渡字体写成，乙本则是用隶书写成。乙本为了避西汉开国皇帝刘邦的名讳，将文本中的"邦"字都改为了"国"字；而甲本则没有避讳"邦"字。由此可以认为，甲本是在汉高祖去世（公元前195年）以前写成；乙本的写成时间略迟，应是在高祖去世之后，即从惠帝刘盈（公元前195—公元前188年在位）的时代到马王堆汉墓建造完成之前这段时间。帛书《老子》的出现，意味着易州龙兴观碑不再是现存最古老的《老子》文本，并一举将现存最古老的《老子》文本的写作时间向前推进了九百年。

帛书《老子》的甲本和乙本，每一种都分为了两篇，然而与现在通行的《老子》相比，上下篇的顺序刚好相反。也就是说，相当于现在《老子》下篇的"德经"在前，相当于"道经"的内容在后。并且，甲本、乙本均没有分章（甲本中虽有作为分段标记的圆点，却数量不多，其标识位置与现在的《老子》分章位置也不相同）。甲本、乙本的上下两篇中的各章顺序，除了个别例外，其余的都与现在的《老子》基本相同。这些例外具体表现为以下几个地方。现在《老子》的第四十一章的内容在帛书《老子》甲本、乙本的

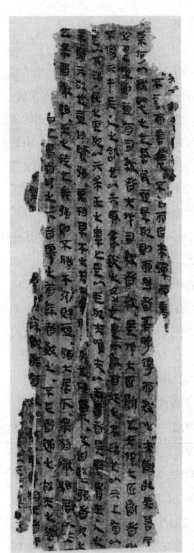

图2 帛书《老子》甲本
[出自中国国家文物局古文献研究室编《马王堆汉墓帛书(一)》]

第四十章之前；现在《老子》的第八十章、八十一章的内容在帛书《老子》甲本、乙本的第六十七之前；现在《老子》的第二十四章的内容在帛书《老子》甲本、乙本的第二十二章之前。

帛书《老子》的甲本和乙本既有以上共同点也有不同之处。甲、乙两种文本除了之前所说的字体不同以外，在一些句子的句型以及文字上也有若干差别。乙本在上下两篇的篇末写明了各篇的字数："德三千卅一""道两千四百廿六"。甲本却没有字数记录。综合这些差别可以认为甲本和乙本分别来自不同底本的《老子》。

现在的《老子》与帛书《老子》除了上下篇顺序相反以外，从整体内容上来看并没有很大的不同。关于这点笔者将在后面通过两个具体的例子说明。顺便说一下，关于前一节所讨论的《老子》第七十三章的问题[1]，甲本有缺字，乙本则是"疏而不失"。

被认为是西汉高祖、文帝时期所抄写的帛书《老子》与现在的《老子》基本相同，也就说明在西汉之前已经有了与现在的《老子》内容基本一致的《老子》。帛书《老子》出土之前，在关于《老子》成书时间的争论中，有的人认为成书时间在汉代以后。然而帛书《老子》的出土完全打破这种观点，并且明确地将成书的最晚时间推至秦朝。然而，帛书《老子》并没有明确写上书名，上述乙本中所写的"德""道"这样的篇名也仅仅是像笔记那样被记录在文本之中。

接着，在1993年的冬天，从郭店第一号楚墓中出土了写在竹简上的《老子》(楚简《老子》)。这座墓被推断为战国时代中

---

[1] 即"天网恢恢，疏而不漏"和"天网恢恢，疏而不失"的问题。——译注

期（约公元前300年）的古墓，楚简《老子》与西汉初期的帛书《老子》相比，又多了百余年的历史。楚简《老子》写在七十一片细长的竹简上，根据其形状[1]被分为了甲本、乙本、丙本三种。其中甲本三十九片、乙本十八片、丙本十四片，甲、乙、丙三本合计2046字，使用楚国独有的秀丽字体写成。从内容上看，楚简《老子》中相当于现代《老子》第六十四章的部分内容在甲本和丙本上有重复，除此以外甲、乙、丙三本并无重合之处。帛书《老子》包含了相当于现代《老子》八十一章的全部内容，而楚简《老子》仅出土了相当于现代《老子》三十一章的内容。笔者将楚简《老子》甲、乙、丙三本的内容按照书写的顺序与所对应的现代《老子》的相应内容进行了以下排列。

甲本——第十九章·第六十六章·第四十六章中下段·第三十章上中段·第十五章·第六十四章下段·第三十七章·第六十三章·第二章·第三十二章·第二十五章·第五章中段·第十六章上段·第六十四章上段·第五十六章·第五十七章·第五十五章·第四十四章·第四十章·第九章

乙本——第五十九章·第四十八章上段·第二十章上段·第十三章·第四十一章·第五十二章中段·第四十五章·第五十四章

丙本——第十七章·第十八章·第三十五章·第三十一章中下段·第六十四章下段

---

[1] 分类依据是竹简的长度和编连情况。——译注

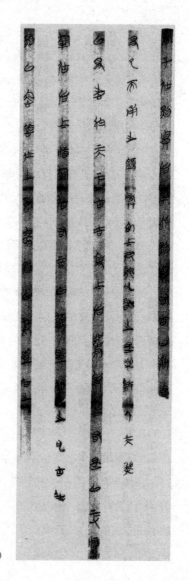

图3 楚简《老子》丙本
（出自荆门市博物馆编《郭店楚墓竹简》）

出土的楚简《老子》就字数而言仅相当于现行本《老子》的五分之二,且没有分章,其内容的顺序也像上面列举这般与现行本的《老子》全然不同,也没有像帛书《老子》那样分为上下两篇。然而,除去若干问题点,楚简《老子》中记载的语句和内容大部分与现行本《老子》相同。

抄写于战国时代中期,内容与现行本《老子》基本相同的楚简《老子》,虽只有现行本《老子》全文五分之二的内容,它的出土依旧给研究者带去了很大的冲击。楚简《老子》的出土使围绕着《老子》成书时间的争论成为了热点。研究者的意见大致分为两类。一种观点认为在战国时代中期,与现行本《老子》差不多内容的《老子》已经完成,楚简《老子》就是这种文本的抄本;另一种观点认为楚简《老子》完成的时代,还没有形成像现行本《老子》那样完整的文本,楚简《老子》的甲本、乙本、丙本正是该形成过程的展现。这样的争论至今还在持续。楚简《老子》的出土为解开《老子》诞生之谜带来了很大的线索,也成为引起新的争论的契机。《老子》这部著作并没有轻易地让我们解开其成书时间之谜。

"兵者不祥之器"——帛书·楚简·现行本之比较(1)

由于帛书《老子》和楚简《老子》的出土,之前的一些疑问有了清楚的答案。首先请看第三十一章。这一章明确地记载了反战思想,是被托尔斯泰、阿尔贝特·施韦泽(Albert Schweizer)等人也深刻关注的有名章节。关于这一点,将会在本书第二部分中介绍。

第三十一章的内容在楚简丙本、帛书甲乙本中均可见到。关于这段话的意思请参见本书第二部分中的译文（第158页）。此处，笔者将此章分为三段，并通过楚简丙本、帛书甲本、帛书乙本和现行本四个版本比较其内容。其中，现行本使用的是宇佐美灊水的考订本（本书第二部分亦依据此本）；楚简中的文字尽可能地改为现在的通行文字表示；□表示缺字。

【第一段】
楚简丙本　无
帛书甲本　夫兵者不祥之器□，物或恶之。故有欲者弗居。
帛书乙本　夫兵者不祥之器也，物或亚□。□□□□□。
现行本　　夫佳兵者不祥之器，物或恶之。故有道者不处。

【第二段】
楚简丙本　君子居则贵左，甬兵则贵右。古曰兵者□□□□□□得已而甬之，铦䅽为上，弗美也。美之，是乐杀人。夫乐□□□以得志于天下。

帛书甲本　君子居则贵左，用兵则贵右。故兵者非君子之器也，□□不祥之器也。不得已而用之，铦袭为上，勿美也。若美之，是乐杀人也。夫乐杀人，不可以得志于天下矣。

帛书乙本　□子居则贵左，用兵则贵右。故兵者非君子之器，兵者不祥□器也。不得已而用之，铦㦒为上，勿美也。若美之，是乐杀人也。夫乐杀人，不可以得志于天下矣。

现行本　　君子居则贵左，用兵则贵右。兵者不祥之器，非君子之器。不得已而用之，恬淡为上，胜而不美。而美之者，是乐杀人。夫乐杀人者，则不可以得志于天下矣。

【第三段】

楚简丙本　　古吉事上左，丧事上右。是以卞将军居左，上将军居右，言以丧礼居之也，古杀□□，则以哀悲位之，战胜则以丧礼居之。

帛书甲本　　是以吉事上左，丧事上右。是以便将军居左，上将军居右，言以丧礼居之也。杀人众，以悲依立之，战胜以丧礼处之。

帛书乙本　　是以吉事□□□□□□。是以偏将军居左，而上将军居右，言以丧礼居之也。杀□□□□立□，□朕，而以丧礼处之。

现行本　　吉事尚左，凶事尚右。偏将军居左，上将军居右，言以丧礼处之。杀人之众，以哀悲泣之，战胜以丧礼处之。

在帛书《老子》和楚简《老子》出土之前，此章主要有两个争论的问题。第一个问题是关于第一段的"佳兵"。在现行版本中均写作"佳兵"，然而其读法却成为了问题。一说认为"佳"为"隹"之误，而"隹"则与"唯"相同；一说认为"佳"为"善"之意，"佳兵"可解释为好的兵器。前一种说法的根据是《老子》

中"夫唯……故……"的句式很多。但是，帛书的甲本、乙本中均没有"佳"字。由此可以清楚地知道《老子》原本应为"夫兵者"。或许后世之人正是因为《老子》中常见的"夫唯……故……"的句式才将"唯"字写入了《老子》之中。笔者考虑到这种可能性故将本书第二部分所依据的底本，改为了"夫兵者"。

第三十一章还有需要注意的问题：此章节重复之处很多，并且全无王弼（226—249）之注释。对于这些情况，又应该怎样理解呢？《老子》王弼注的成书时间为三国魏时，是现存最早的可判断成书年代的有体系的《老子》注释（关于王弼注将在之后详细叙述）。在现行的王弼注本中，除去第三十一章和第六十六章以外，剩下的《老子》各个章节均有对应的注释。而且，第三十一章的正文之中有多处相同内容的重复。因此有的人认为那些重复之处或为王弼的注释混杂其中。具体而言，例如有人提出第二段从"兵者不祥之器"到"则不可以得志于天下矣"并非《老子》正文，而是王弼对第一段正文的注释；又如第三段从"吉事尚左"到"言以丧礼处之"是王弼对第二段"君子居则贵左，用兵则贵右"的注释。然而随着帛书和楚简的出土，通过对比，发现第三十一章与现行本基本相同，因此可以明确地得知那些内容均为《老子》正文原有的内容。老子在第三十一章中将目光敏锐地投向了战争的危害，认为赞美战争胜利之人是"乐杀人"。这种对战争的批判思想在战国时代中期的《老子》中已经被明确提出了。

"仁义"批判——帛书·楚简·现行本之比较（2）

笔者再举一个有趣的例子，以此来说明通过对比帛书《老子》、楚简《老子》与现行本得以明确的事情。《老子》中的一个重要思想就是对儒家思想的批判，在第十八章、第十九章、第三十八章等章节均可见相关内容。关于《老子》对儒家思想的批判请详见本书第二部分，这里要说明的是《老子》第十九章中与文本相关的问题。此章内容在楚简甲本、帛书甲本、帛书乙本中均可见，现将此章分为两段进行比对。

【第一段】

楚简甲本　绝智弃弁，民利百倍。绝巧弃利，盗贼亡又。绝伪弃虑，民复孝慈。

帛书甲本　绝声弃知，民利百负。绝仁弃义，民复畜兹。绝巧弃利，盗贼无有。

帛书乙本　绝圣弃知，而民利百倍。绝仁弃义，而民复孝兹。绝巧弃利，盗贼无有。

现行本　　绝圣弃智，民利百倍。绝仁弃义，民复孝慈。绝巧弃利，盗贼无有。

【第二段】

楚简甲本　三言，以为弁不足，或命之或乎属。视索保仆，少厶寡欲。

帛书甲本　此三言也，以为文未足，故令之有所属。见素抱

□，□□□□。

帛书乙本　此三言也，以为文未足，故令之有所属。见素抱朴，少□而寡欲。

现行本　　此三者，以为文不足。故令有所属，见素抱朴，少私寡欲。

此处需要注意的是第一段。帛书甲、乙本与现行本相比较，虽有一些文字的异同之处，但文本几乎相同；而楚简甲本的内容却有些不同。现行本中的"绝巧弃利"在楚简甲本中写为"绝智弃弁"，现行本中的"绝仁弃义"在楚简甲本中写为"绝伪弃虑"。也就是说在楚简甲本中不见"圣""仁""义"等带有浓厚儒家色彩的词，取代它们的是"弁""伪""虑"三字。因此，根据现阶段的出土资料可以认为，在楚简甲本的成书时期对于儒家思想、"仁义"思想的批判并不强烈，而在帛书成书的西汉初期已经明确地提出了对儒家思想的批判。

但是在楚简《老子》中并非全然没有对儒家思想、"仁义"思想的批判。现行本第十八章中有一句"大道废，有仁义"，楚简丙本中与之相当的内容记为"古大道废，安有仁义"。由此可以认为楚简的三个版本也有年代的差异。楚简中最古老的版本被认为是甲本。甲本中不见对"仁义"的批判，时间较后的丙本中却可见对"仁义"的批判，这暗示了《老子》正文中对"仁义"的批判为后出的内容。

像这样，帛书《老子》和楚简《老子》的出土为推论《老子》

对儒家思想、"仁义"思想的批判的形成过程提供了可能性。虽然该推论仅限于现阶段资料,这也说明了出土资料为中国思想史上的重要问题研究提供了引人注目的材料。

《史记·老子传》——旅程的开始

现在又回到《老子》诞生之谜这个话题。《老子》这部书作的诞生理应存在著者或是编者。《老子》是谁写的,或者是谁编的呢?众所周知,《老子》一般被认为是由名为老子之人所作。然而老子其人与《老子》一书同样深深地被包裹在谜团之中。

司马迁(约前145—约前86)所著的《史记》中的《老子传》是关于老子最早的传记。司马迁编撰《史记》的依据除了其父司马谈担任太史令(太史的长官;太史为史官)时积攒的庞大文献以外,还有他本人周游天下采集到的各地口传资料。因此研究老子的传记是无法忽略《史记》的。《史记·老子传》记载了以下内容:

老子者,楚苦县(今河南省鹿邑县之东)厉乡曲仁里人也。姓李氏,名耳,字聃。周(东周;都城为洛阳)守藏室(图书、公文等保管部门)之史(书记官)也。

孔子适周,将问礼于老子。老子曰:"子所言者,其人与骨皆已朽矣,独其言在耳。且君子得其时则驾,不得其时则蓬累而行。吾闻之,良贾深藏若虚,君子盛德容貌若愚。去子之骄气与多欲,态色与淫志,是皆无益于子之身。吾所以告子,若是而已。"孔子去,谓弟子曰:"鸟,吾知其能飞;鱼,吾知其能游;兽,吾知其能走。走者可以为罔,游者可以为纶,飞者可以为矰。至于龙,吾不能知其乘风云而上天。吾今日见老子,其犹龙邪!"

老子修道德,其学以自隐无名(隐藏身份和姓名)为务。居周久之,见周之衰,乃遂去。至关,关令(关口的官员)尹喜曰:"子将隐矣,强为我著书。"于是老子乃著书上下篇,言道德之意五千余言而去,莫知其所终。

以上内容叙述了三件事情。第一,老子的故乡、姓名和官职。第二,孔子问礼于老子。第三,老子离开都城时在关所遇见尹喜,尹喜恳切地请求老子,"乃著书上下篇"。

从老子的故乡名称里"苦""厉""曲仁"几个字可以看出,此地名为虚构之名。"曲仁"意为"歪曲之仁",因此让人意识到其与儒家思想的关系。不得不说老子的传记里就连故乡的名称也带有传说的性质。《史记》中记载老子姓李,名耳,字聃,在战国时代一般被称为老聃。聃字为耳朵大而下垂之意,可见老子的名字与"耳"相关。

第二段的孔子问礼也是一个奇妙的故事。礼是儒家最擅长的领域。另一方面,在《老子》第三十八章中写到"夫礼者,忠信之薄,而乱之首",此乃老子对礼的尖锐批判。所以,儒家的孔子出门向老子请教礼的问题是不可能的事情。而且从《老子》对孟子(前372?—前305?)提倡的"仁义"的批判,以及《史记·老

图4 "孔子见老子"图（山东省嘉祥县西南齐山出土）。《中国画像石全集》2（山东美术出版社，2000年），122—123页

子传》之后记载的老子之孙的年代进行推算，可以得知老子是生活在孔子所在年代之后的人物。由此可知孔子问礼的故事并非史实，将孔子塑造为老子的弟子也是人为的虚构。

虽然这个故事对于孔子以及儒家而言是不体面之事，但或许是因为此故事中有中国古代两大思想家同时登场，故而得到广泛传播而被众人所知，甚至被刻在了东汉的画像石上。

第三段是老子离开都城时在关口遇见尹喜，著书"上下篇"的故事。这是直接涉及《老子》一书问世的重要部分。关于老子前往的关所并没有确指，有的人认为是函谷关，也有的人认为是散关。关所的役人尹喜（原文记为"关令尹喜"）对《老子》一书的问世起到了极大的作用，然而此人身份成谜。"关令尹喜"四字一般被解释为"关（关所）之令（役人）尹喜"，但也可读作"关之令尹（长官）喜（名字）"。在《庄子》的《达生篇》《天下篇》等章节中有名为关尹之人登场，他与老子同为思想卓越之人。西

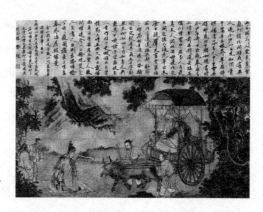

图5 老子出关图（MOA美术馆所藏）

汉的图书目录《汉书·艺文志》中记载了关尹所著的《关尹子》九篇。老子在关所遇见尹喜，尹喜立刻看出了老子的才能，并请求他"强为我著书"，这个情节的设计有可能是为了和关尹的名字发生关联。

由于尹喜的恳求，老子著了"言道德之意""五千余言"的"书上下篇"。此"书上下篇"即为《老子》。然而在《史记·老子传》中并没有出现《老子》这一书名。

老子写下"书上下篇"以后就离去了。依照司马迁的记载他并不知道老子之后的情况。用原文的话来说，即"莫知其所终"。关于老子出关，司马迁仅用一个"去"字来描述，然而在后世这一场景被改编为许多版本。以近代鲁迅的小说《出关》（《故事新编》）为例，老子乘坐青牛消失在沙漠中的情景给人留下了深刻的印象。在中国和日本有许多画家绘制过老子出关的场景。

在《史记·老子传》中除了以上关于李耳（老聃）的叙述以

外,还记录了另两则传说。一则是说老莱子即是老子的传说。其大意是老莱子亦是楚国人,他著有与道家内容相关的《书十五篇》,与孔子是同时代之人。传说他为了躲避乱世以隐士的身份生活,为了逃避楚王的招揽而去了江南。另一则是说周太史儋即为老子的传说。太史儋为秦献公（前384—前361在位）时人,曾预言了秦国的未来。

也就是说在《史记·老子传》中举出了老子或为李耳（老聃）,或为老莱子,或为太史儋的三种可能性。对于这些内容,司马迁在文字表述时反复使用了"或""盖"等词,可见他并没有什么信心。例如在叙述太史儋时,他这样写道:"或曰儋即老子,或曰非也,世莫知其然否。"司马迁虽然力图记录关于老子的史实,落笔却是言辞模糊不明,最后他总结道:"老子,隐君子也。"老子为"隐君子",即为了避世而隐居在市井角落里的知识人。司马迁将他总结为一位不知确切时代和姓名的"隐君子",这个结论是比较诚实的。

从以上《史记·老子传》的写法上看,在司马迁撰写《史记》的西汉中期,老子已经是一个包裹在重重迷雾中模糊不清的形象。《史记·老子传》中记述的最为详细的李耳（老聃）的传说也有很多虚构内容。然而,即使含有虚构的内容,老子=李耳（老聃）的印象已经过历史长河的流淌而深入人心,并由此衍生出各种关于老子的传说。尤其是在李耳（老聃）传说的末尾,司马迁记为"莫知其所终",这为后世之人留下了巨大的想象空间。老子出了关向西而去,这便是其旅程的开始。在司马迁的记录里老子就已经开始了神秘化。

　　司马迁之后，老子的神秘化渐渐扩大，最后发展为神格化。老子的神格化，同时导致了《老子》一书的圣典化。神格化的老子及作为圣典的《老子》与之后中国宗教的发展产生了莫大的关系。这些内容将在第三章和第四章中详细论述，而下一章的内容是关于《老子》这部著作的各种解读方式以及多种注释书的介绍。

第二章 ｜ 如何解读《老子》

汉代的《老子》

　　《老子》虽然只是一部五千余字的著作，却有着多种解读方式。如同许多中国古典著作那样，人们通过对《老子》的文本做注释的方式来完成对《老子》一书的解读。不同的人从不同的立场对《老子》的文本作注，这些注释都有可能成为中国思想史或中国宗教史中珍贵的研究资料。通过注释，我们可以窥见《老子》中的哪些内容引起了人们的关注，或是人们在《老子》这部著作中寄托了哪些思想。

　　中国的《老子》注释书籍数量众多，其中流传最广的是王弼注和河上公注。在现存的完整的《老子》注释之中，王弼注与河上公注的写成时间是最早的。本章将以具体的例子来论述这两种注释以及想尔注与玄宗御注的各自特征。在此之前，我想介绍一下王弼注与河上公注之前的注释情况。

　　前述马王堆出土的帛书《老子》是在西汉文帝在位的公元前168年以前写成的。在帛书《老子》成书的西汉初期，黄老思想就已开始流行,"黄老"是指中国神话传说中的黄帝与老子。"黄帝、老子之书""黄帝、老子之术""黄帝、老子之言"等词在史书中出现。《史记·外戚世家》曾记载:"窦太后(文帝之后、景帝之母)好黄帝、老子言,帝及太子诸窦不得不读黄帝、老子,尊其术。"由此可知西汉的文帝、景帝时期,由于窦太后的影响,王亲外戚均须读黄帝、老子之书,尊黄帝、老子之术。

关于黄老思想,《史记·曹相国世家》记载有一位名曰盖公之人,修习"黄老之言"。他曾提出:"贵清净而民自定。"由此我们可以推测黄老思想主张为政者对待人民不应该处处干涉。除此处之外,传世典籍中再没有发现关于黄老思想的其他具体的事例。然而,随着近年对于在马王堆出土的帛书《老子》乙本同一张绢布上所写的文本进行研究,黄老思想的内容也逐渐明晰起来。实际上在帛书《老子》乙本中,还有四篇标题分别为《经法》《十六经》《称》《道原》的文章写在《老子》的文本之前。它们被称为"帛书《老子》乙本卷前古佚书"。从内容上判断,它们相当于西汉的图书目录《汉书·艺文志》中记载的《黄帝四经》。

"帛书《老子》乙本卷前古佚书"中有重视"刑(形)名"的法家之说,还有些学说是关于"道"与"法"的关系,遵循天地阴阳之道来进行政治活动等。黄老思想中被称为"黄老之书""黄老之言"的内容就是"帛书《老子》乙本卷前古佚书"中论述的内容。它们与《老子》里"无为之治"的思想有重合的一面。于是"黄帝之书"与《老子》产生联系,开始出现了"黄帝、老子之书""黄老之言"那样的说法。《史记·吕太后本纪》中记载了西汉初年，惠帝、吕太后（惠帝之母）时期的世相："黎民得离战国之苦，君臣俱欲休息乎无为。"由于秦始皇所建的秦帝国过急地实现了以法为中心的中央集权而促使了短命的秦王朝覆灭，故而秦朝之后的西汉，人人都希望"休息乎无为"。因此，《老子》所提倡的"无为之治"对于宽松的统治方式而言是必要的。故而"黄帝之书"、《老子》等成为其执政思想的依据。

据《汉书·艺文志》记载，西汉末年《老子》的注释书籍似有四种，即《老子邻氏经传》四篇、《老子傅氏经说》三十七篇、《老子徐氏经说》六篇和《刘向说老子》四篇。这些书籍均已佚失，现在不明其内容。在《汉书·艺文志》的记载中西汉末年的《老子》被视为"经"，并且可以确认的以"传""说"为名的《老子》注释就有好几种。"经"，是指记录圣人的教诲和言行的著作。《老子》被尊称为"经"与西汉初期尊崇黄老思想有关。如前述所言，相当于"黄帝之书"的著作在《汉书·艺文志》中被记为《黄帝四经》。

然而，还有一部《老子》的注释书没有被记录在《汉书·艺文志》之中，那就是严遵所著的《老子指归》。严遵是西汉末期的思想家，住在蜀国成都，依靠卜筮（用龟甲和筮竹进行占卜）赚得最低限度的生活费，其余所有的时间都埋头苦学，致力于学问和著述，以隐者的身份生活着。关于《老子指归》，在很长一段时间里，人们都认为其作者并非严遵，然而近年来越来越多的观点认为严遵就是其作者。《老子指归》原本有十三卷，前七卷为"德经"之注，后六卷为"道经"之注。然而后六卷在宋代之后已散佚，现在保存形式完整的仅有前七卷。

《老子指归》虽然没有得以完整地保存至今，却带给了我们关于汉代《老子》的重要信息。关于《老子》的构成，我们明白了两个问题。其中一个问题是"道经"与"德经"的顺序。《老子指归》中"德经"在"道经"之前，其顺序与帛书《老子》的情况相同。可见西汉前期的《老子》上下篇的顺序与现在的《老子》文本相比，通常是相反的。

另一个问题是关于《老子》正文的章节划分。根据《老子指归》序文的记载，《老子》分为"上经"（即"德经"）四十首，"下经"（即"道经"）三十二首，合为七十二首组成。现存《老子指归》中每一首正文之后都附有一篇注释，共四十篇。如前述所言，帛书《老子》的甲本、乙本均没有分章，而《老子指归》却分为"德经"四十首，"道经"三十二首，合计七十二首。虽然其划分不称为"章"而称为"首"，但意思是相同的。众所周知，现在的《老子》文本构成分为上篇（"道经"）三十七章，下篇（"德经"）四十四章，合计八十一章。《老子指归》的划分虽与现在的版本不同，但划分了章节这种形式本身受到了注目。如果说《老子指归》确实是西汉末年的严遵所作，那么这就是目前能够确定的划分《老子》章节的最早事例。

《老子指归》在思想层面也有重要内容，尤其是与王弼注、河上公注相关的两点值得注意。第一点是关于《老子》中天地万物的生成论，笔者想用《老子》特有的词汇进行详细说明。正如《老子》所述"道生一，一生二，二生三，三生万物。万物负阴而抱阳，冲气以为和"（第四十二章），万物以"道"——"一"——"二"——"三"——"万物"的顺序生成；又如"天下万物生于有，有生于无"（第四十章），还有"无"——"有"——"万物"这种顺序的生成论。（关于《老子》生成论的论述，请参照本书第二部分第108页以后的内容。）

关于这些内容，《老子指归》做出了详细的注释。其注释大意为，"道"乃终极之虚无，可以用"无无无之无"表示；"一"为相对之无，可表示为"无无之无"；"二"乃"一"的下一等级的无，可表示为"无之无"；"三"是再下一个等级的无，表示为"无"（卷二"道生一篇"）。也可以认为"道"——"一"——"二"——"三"——"万物"这种万物被创造的过程即是从"道"这种完全虚无的状态到"无"的等级逐渐降低的过程。

《老子指归》还说明了从虚无到实有的万物生成过程同时也是"道"——"一"——"神明"——"太和"——"万物"的过程。"神明"这一概念在《管子》等文献中可见，是指具有神秘力量的精气，"太和"是指调和的奇妙之气。《老子指归》言："一者，道之子，神明之母，太和之宗，天地之祖。"（卷一"得一篇"）又言："天地所由，物类所以，道为之元，德为之始，神明为宗，太和为祖。"（卷一"上德不德篇"）《老子指归》在《老子》的思想中对万物如何被创造的生成论给予了特别的关注，它详细地对《老子》中从"无"到"有"的过程进行了注释，可谓是王弼注的先驱。

《老子指归》在思想层面值得注意的另一点，是关于人的身体内部有"神明"的观点。人类也是万物之一,这也跟生成论相关。《老子指归》曰:"夫天人之生也,形因于气,气因于和,和因于神明,神明因于道德,道德因于自然,万物以存。"(卷二"道生一篇")其意为,包含人类在内的所有天地万物都以"自然"与"道德"为基层,以"神明"与"太和"为依据,以"气"作为应有的状态,保持着"形"的存在。该书还认为寄宿在人身体内的"神明"被称为"神气"或"神",支撑着人的生命(卷七"生也柔弱篇")。《老子指归》在《老子》的注释中提出了关于体内神明的想法,因此它与河上公注的联系也值得关注。

综上所述,《老子指归》的思想内容可谓是王弼注、河上公注的先驱,因而受到了关注。若《老子指归》真是西汉末年的严遵所作,说明《老子》在公元前已经作为一部思想著作成为当时知识人的思索对象,从而产生了质量上乘、内容充实的注释书。

王弼注——尊崇"无形无名"之"道"

接着来看王弼的《老子》注。王弼(226—249)是三国时期的魏国人。虽然他在二十四岁时英年早逝,却因为对《易经》和《老子》所作的注释影响很大,在中国思想史上留下了深刻的足迹。魏晋时期,贵族之间爱好清谈。这是一种富含机智的哲学性的论辩与言谈。说起清谈,就会想到著名的"竹林七贤",而王弼生活的年代略早于七贤,相当于清谈开始的时期。王弼活跃的年代是魏国的正始年间（240—249）。正始年间的清谈被称为"正始之音"，王弼与何晏（193？—249）同为"正始之音"的代表人物。

《世说新语》记载了东汉末年至南朝宋（420—479）时一些名士的逸话，在"文学篇"中也收录了关于王弼的几则故事。王弼自幼聪慧，十余岁便爱好老庄思想，善于辩论。他被当时经身居吏部尚书高位并声望卓越的何晏称为奇才，并赞赏他说："后生可畏。若斯人者，可与言天人之际矣。（年轻人值得敬畏。这样的人才能同时论及天之意与人之道的关系。）"《世说新语》还记载说何晏也曾为《老子》作注，但当他看到王弼之注更为优秀之后，便不想将自己之注示人，因此只留下道论、德论二论。王弼的时代流行老庄思想这样的思考方式，因此被称为"三玄之学"（"玄"为深奥之意，与后文中将要介绍的《老子》第一章中的"玄"相关）的《老子》《庄子》《易经》之学问也流行起来。年轻的王弼是当时流行学问的旗手。

《世说新语·文学篇》中记录了王弼如何理解老子思想的一则逸话。

王辅嗣弱冠诣裴徽，徽问曰："夫无者，诚万物之所资。圣人莫肯致言，而老子申之无已，何邪。"弼曰："圣人体无，无又不可以训，故言必及有。老庄未免于有，恒训其所不足。"

王辅嗣（王弼）二十岁时去拜访裴徽，裴徽问他："无，确实是万物的根源，可是圣人（孔子）不曾想对它发表意见，老子却反复地陈述它，这是为什么呢？"王弼说："圣人领会到了无，却又无法用言语将其解释清楚，所以言谈间总是涉及有。老子、庄子还未完全脱离有的立场，所以总是去解释那个还掌握得不充分的无。"

这则逸话通过对"有"（有形之物）和"无"的论述来讨论儒家圣人孔子与老子、庄子的优劣。"无"与"道"相同，《老子》认为"道"无法用言语说明。在这则逸话中，王弼认为老子、庄子频频讨论"无"是因为老、庄对"无"的领会还没有达到孔子的水平，因此孔子更加优秀。王弼认为能够完全体会老子所论述的"无"的人不是老子本身而是孔子，这种出人意表的想法在清谈者之间或许会受到很高的评价吧。此问题暂且不论，从这则逸话中还可以看出王弼和他周围的人在《老子》论及的诸学说之中，对于"有"和"无"的问题是十分关心的。

关于"有"和"无"的问题王弼是怎样说明的呢？我们可以通过他对《老子》第一章前半部分的注释窥探一二。（关于《老子》第一章整理内容的论述，请参照本书第二部分第 103 页以后的内容。）

道可道，非常道。名可名，非常名。　　　　　（第一章①）

【王弼注】可道之道，可名之名，指事造形，非其常也。故不可道，不可名也。

能以言语言明之道，能以言语言明之名，可明示之事，可造形之物，并非恒常不变的。故此道非真正之道，此名非真正之名。

无名天地之始,有名万物之母。　　　　　　（第一章②）

【王弼注】凡有皆始于无,故未形无名之时,则为万物之始。及其有形有名之时,则长之、育之、亭之、毒之,为其母也。言道以无形无名始成万物,万物以始以成而不知其所以然。玄之又玄也。

所有的"有"均从"无"开始。因此,无形且无名之时便是万物的开始。到了有形有名的阶段,让其成长、将其培养,让其安定,将其充实,成为母。所言之意为,道在无形无名的状态孕育出万物,使万物形成。万物始于道,万物形成于道。但为何如此,人们并不明白其缘由。因此称之为"玄之又玄"。

故常无欲以观其妙,　　　　　　　　　　　　（第一章③）

【王弼注】妙者,微之极也。万物始于微而后成,始于无而后生。故常无欲空虚,可以观其始物之妙。

妙是微之极致。万物从微开始,之后逐渐形成,从"无"开始,之后逐渐产生。因此,总是在无欲、空虚之时可以看到万物初始之妙。

常有欲以观其徼。　　　　　　　　　　　　　（第一章④）

【王弼注】徼,归终也。凡有之为利,必以无为用,欲之所本,适道而后济。故常有欲,可以观其终物之徼也。

徼是回归于终极之意。对所有的"有"(有形之物)产生作用的必定是"无"的运作。欲望的根源须与"道"相适应，此欲望方可遂成。因此，常常持有欲望，便能见物之终极。

上述第②部分中，王弼将"有"始于"无"解释为"无形无名"之"道"创造出"有形有名"之万物。并接着论述了万物由"道"创造的运作方式，谁也无法悉知（"不知其所以然"），因此才称为"玄之又玄"。"不知其所以然"与"自然"的概念相关。

第④部分中的"凡有之为利，必以无为用"是引用了《老子》第十一章中的内容。《老子》第十一章，即论述"无"之作用的章节："三十辐，共一毂，当其无，有车之用。埏埴以为器，当其无，有器之用。凿户牖以为室，当其无，有室之用。故有之以为利，无之以为用。"车轮、食器、家室这些"有"（有形之物）之所以能够实现各自的功用，是因为它们中央之处的"无"的空间在发挥作用。

如上所言，关于"有"和"无"的关系，王弼从"无"中产生"有"的生成论文脉上进行了说明，并且还阐述了"无"在根源支撑着"有"的作用。

王弼还认为"有"与"无"的关系亦是"本"与"末"的关系。第四十章曰："天下万物生于有，有生于无。"王弼对其注释曰："天下之物皆以有为生，有之所始，以无为本，将欲全有，必反于无也。"天下万物作为"有"的形式存在，"有"的开始是以"无"为"本"。是以万物如果想要成全作为各自存在的"有"，就不得不回归于"无"。

"本"与"末"的关系并非仅限于从"无"到"有"的生成论，它还呈现在"有"的世界里形形色色的事物、现象之中。王弼除了给《老子》作注以外，还著有《老子指略》以归纳和总结《老子》的要点。其中，他指出《老子》一书的核心是尊崇"本"而抑止"末"。其曰："《老子》之书，其几乎可一言而蔽之。噫！崇本息末而已矣。""息"为抑止、不进行之意。王弼对"崇本息末"进行了说明，他认为："故见素朴以绝圣智，寡私欲以弃巧利，皆崇本以息末之谓也。"（《老子指略》）《老子》第五十七章是论说理想的政治状态，王弼在对应的注释中也表现出了"崇本息末"的思想。（关于《老子》第五十七章的内容，请参照本书第二部分第149页。）王弼认为"以道治国"的具体表现是君主做到"无为""好静""无事""无欲"，也就是"崇本息末"。这种情况才接近"无"之"道"。

上述内容仅仅列举了王弼注的一个事例。王弼认为《老子》是论述现象世界根源的"无形无名"之道的书籍，它崇尚作为"本"的"道"，并教诲应该抑止作为"末"的诸多具体事项。这是他对《老子》的理解，也是他为其作注的立场。这种注释是关注《老子》所阐述的本体论而作出的形而上学的解释，与接下来介绍的河上公注在性质上有很大的差别。王弼注产生的背景是"三玄之学"、喜好探求宇宙与人类根源等哲学性清谈所流行的魏晋时代。王弼注作成之后尤其成为了知识阶层的爱读之物。

河上公注——作为"治身治国"之书的《老子》

接着来看与王弼注同样受到广泛阅读的河上公注。王弼注有着明确的作者和成书背景，与此相对河上公注却没有明确的成书时间与作者。关于河上公注的成书经过流传着这样一个故事。西汉文帝（公元前180—公元前157年在位）时，在河边上住着一名叫作河上公的人经常阅读《老子》。文帝喜好《老子》，当他有几句话不得其解时便亲自去向河上公求教。此时，河上公在文帝前幻化神奇，飘浮在空中，在文帝的惊诧之中授予其《老子道德经章句》二卷后便立刻消失了身影。

这则故事记录在了晋朝葛洪所撰写的《神仙传·河上公传》，以及河上公注《老子》文本开头的"老子道德经序诀"中。这则故事当然并非史实，而是为了让《老子》及河上公注神秘化的传说。《史记·乐毅传》中记载了西汉初期流行的黄老之学的始祖"河上丈人"，这个称谓与河上公十分相似。为《老子》作注的作者被称为"河上公"，或许与"河上丈人"的传说相关。

关于河上公注的成书时间众说纷纭，然而却无人认为是传说中的西汉文帝时期。一些观点认为成书时间是东汉时代（25—220）后半时期，也有学者认为成书于六朝时代（222—589）的末期。河上公注的最初成书时间似乎可以追溯到东汉时期，或许在六朝时代有人对其内容进行添加。在这层意义上可以说河上公注早于王弼注。

传说中河上公授予文帝《老子道德经章句》，而河上公注的

图 6 宋刻本《老子道德经河上公章句》
（四部丛刊本）

正式名称正是"河上公章句"。章句是解释经书的一种方式：将经书的文本划分章节再细分为小句，一句一句地解释其意思。汉代曾流行过"章句之学"。之前提到过严遵的《老子指归》将文本以"首"（《老子指归》中将"章"称为"首"）划分，并为一整首文本作注；而河上公注则将每章再细分为短句，为每句话作注释。

　　河上公注与王弼注视角不同，有着自己的特征。特征之一，以"治身"为中心的养生说是其显著观点。特征之二，其认为"治身"与君主"治国"密切相关（即"治身"＝"治国"）。唐代初期学者陆德明在其著作《经典释文》中对王弼注的评价是"妙得虚无之旨"，并认为河上公注的特征是"言治身治国之要"。陆德明的表述直截了当地言明了王弼注与河上公注的不同之处。

那么我们来看一下《老子》河上公注的第一章的开头部分。

道可道， （第一章①—1）

【河上公注】谓经术政教之道也。

是指儒学的经术以及政治教化之道。

非常道。 （第一章①—2）

【河上公注】非自然长生之道也。常道当以无为养神，无事安民，含光藏晖，灭迹匿端。不可称道。

其意为并非与自然长生相关联之道。所谓"常道"是指通过"无为"来养"神"，不做任何事情使得国民安定，隐藏自己睿智之光彩，掩盖迹行与端绪。这样的"常道"不能称为普通的道。

名可名， （第一章①—3）

【河上公注】谓富贵尊荣，高世之名也。

是指富贵荣华，在世间博得很高评价的名誉。

非常名。 （第一章①—4）

【河上公注】非自然常在之名也。常名当如婴儿之未言、鸡子之未分、明珠在蚌中、美玉处石间，内虽昭昭，外如愚顽。

其意为并非能够自然长存之名。"常名"是指如同婴儿尚未言语，小鸡在壳中尚未破壳而出，光彩夺目的珍珠还包裹在蚌中，美丽的玉石尚在石间那般，内在璀璨外面却显愚拙。

无名，天地之始。　　　　　　　　　　　（第一章②—1）

【河上公注】无名者谓道。道无形，故不可名也。始者道本也，吐气布化，出于虚无，为天地本始也。

所谓"无名"是指道。因为道无形，所以无法将其命名。所谓"始"是指道的根本。道吐出气息，广施变化，走出虚无，成为天地之始。

有名，万物之母。　　　　　　　　　　　（第一章②—2）

【河上公注】有名谓天地。天地有形位、有阴阳、有柔刚，是其有名也。万物母者，天地含气生万物，长大成熟，如母之养子也。

所谓"有名"是指天地。天地中有形，有上下之位，有阴有阳，有柔有刚，这就是"有名"。"万物之母"是指天地蕴含有气，孕育出万物并使其生长使其成熟，如同母亲抚养孩子一般。

以上列举的段落中，相当于王弼注第一章①的部分在河上公注分为了四句加以注释，相当于第一章②的部分分为了两句分别作注。

对于第一章开头的"道可道，非常道"（①—1和①—2），河上公注有着独特的解释。将"道可道"注释为"经术政教之道"是比较容易理解的；然而将"常道"注释为"自然长生之道"就比较出人意料了。在河上公注中"常"字被解释为自然而然地长久生存。对于"常道",河上公注还有进一步解释,即应当"无为养神、无事安民"。"无为养神"是与养生相关的论述,而"无事安民"则是涉及统治人民的方式,也就是同时论述养生之法("治身")与统治之法("治国")。这种论述方式虽然让我们有些诧异,然而将"治身"与"治国"两者直接关联是河上公注的一个特征。

"无为养神"中的"神"在此处是与"形"(身体)相对应的观点,相当于我们所说的"精神""心"等概念。按照这样的思考,"养神"首先应该解释为"心"之养生,也就是无欲、无心,使心灵得以安定。然而在这层意思之前,出现了"长生"一词,说明河上公注的"养神"也包含身体方面的养生之意。

上述②—1和②—2的注释中应当关注的是河上公注在说明由"道"衍生出万物的生成过程中出现了"气"。"气"是构成有"形"万物的物质性要素。人的身体也由"气"而成,"气"是中国养生思想的根本。王弼注在解释此句时并没有用到"气"。从河上公注中的"气",可见其与养生思想的关联。

河上公注中有一些内容不是对心之养生,而是对身体方面养身的详细说明。以带有神秘色彩的词开头的《老子》第六章就是一个例子。

谷神不死, （第六章①）

【河上公注】谷,养也。人能养神则不死。神谓五脏之神,肝藏魂、肺藏魄、心藏神、肾藏精、脾藏志。五藏尽伤,则五神去矣。

"谷"即是"养"的意思。人若能养"神"就能获得不死。"神"是指寄宿在五脏内的神。肝脏藏魂，肺脏藏魄，心脏藏神，肾脏藏精，脾脏藏志。如果五脏全部伤损则五神就会离开。

是谓玄牝。　　　　　　　　　　　　　　（第六章②）

【河上公注】言不死之道在于玄牝。玄，天也，于人为鼻。牝，地也，于人为口。天食人以五气，从鼻入藏于心……故鼻为玄也。地食人以五味，从口入藏于胃。……故口为牝也。

不死之道的要点在于"玄牝"。"玄"，指天；在人身上便是指鼻。"牝"，指地；在人身上便是指口。天通过五气来养人，五气从鼻入而藏于心脏。……因此鼻即是"玄"。地通过五味来养人，五味从口入而藏于胃。……所以口即是"地"。

玄牝之门，是谓天地根。　　　　　　　　（第六章③）

【河上公注】根，元也。言鼻口之门，乃是通天地之元气所从往来也。

"根"是指元。其意思是，正是鼻与口之门，使得天地之元气（根元之气）通过，成为它们往来之场所。

绵绵若存，　　　　　　　　　　　　　　（第六章④）

【河上公注】鼻口呼噏喘息，当绵绵微妙，若可存，复若无有。

鼻与口呼吸之时，应当绵长而微弱，似有似无，安安静静。

用之不勤。 （第六章⑤）

【河上公注】用气当宽舒，不当急疾勤劳也。

用气之时，应当不紧不慢，用气过急导致疲惫的做法是不应该的。

从以上注释中我们可知，河上公注中的这一章是论述生养寄宿在五脏之中的神，以及以口鼻运行的呼吸之法的章节。王弼注中，谷神被解释为"谷中央无"，他将此章解释为作为"天地之根"的"道"如何运作而生出万物的。对于这一章节的解释，由于注释者不同，或多或少会有些差异，但大多与王弼的注释差不多，人们通常将此章理解为阐述万物生成的运作方式的章节。但河上公注却显得独具一格。他以具有实践性的身体养生说为前提来理解此章。

说起来，河上公注中"治身"一词出现时，屡屡伴有"气""神"等词。例如"治身者，爱气则身全；治国者，爱民则国安"（第十章注），"圣人守大道，则天下万民移心归往之也。治身则天降神明，往来于己也"（第三十五章注），"法道无为，治身则有益于精神，治国则有益于万民，不劳烦也"（第四十三章注），等等，这样的例子还有许多。这些例子均旨在说明"治身"是指守护寄宿在身体中的精气以及体内存在的神，这与君主"治国"，珍惜并保护国民是相同的。河上公注包含守护寄宿在身体中的精气以及体内存在的神的养生法则，可以认为该注释的作者或是继承者应该与道教相关。

况且，第六章的注释仅仅详细地阐述关于身体方面养生的内容，这从河上公注整体来看也是比较突出的。河上公注整体上是稳当且平易的，这大概也是它在一般人中也能广为流传的理由吧。

在本书的第二部分中笔者也会指出《老子》这部著作是以万物之根源的"道"的概念为核心内容的。一方面，它论述了遵循"道"的无为自然的生存方式究竟为何物。另一方面，它放眼于国家社会，论述了依照"道"来治理国家的理想政治为何物。河上公注将《老子》论述的两方面内容结合起来，强调"治国"与"治身"相同。将"治国"与"治身"结合起来的思考方式在司马迁之父司马谈所著的《论六家要旨》（总结阴阳家、儒家、墨家、名家、法家、道家六种思想要点的文章）中也可以看到。他在说明道家思想时提到："神者生之本也，形者生之具也。不先定其神形，而曰我有以治天下，何由哉。"（《史记·太史公自序》）"治国"与"治身"相同，也就是在向君主说明抑制欲望，保持心灵安静，是实现"无为之治"的方法。由此说明河上公注的作者在撰写此书时，同时也将其当作一部写给君王的书。可见其继承了受黄老思想影响的汉代《老子》注释中的思想。

想尔注——守"道诫"

有种说法认为想尔注是东汉末年的道教团体五斗米道所用的

《老子》文本。五斗米道与太平道同为中国最早的道教团体。详细内容请参阅第四章。想尔注虽然也是《老子》注释书中的一种，却没有被收录在收集整理了道教经典著作的道教丛书《道藏》之中。直到在敦煌发现其写本残卷，人们才明确地知道了想尔注的存在。敦煌写本斯坦因第6825号便是此书，书末题有"老子道经上想尔"。

敦煌写本《想尔注》残卷记录了《老子》第三章到第三十七章的正文和注释。正文没有划分章节，正文与注释也没有分开。在唐代初期的《经典释文》的序录中列举了一些唐代以前的《老子》注释。其中可见《想余注》二卷，并注记曰："不详何人，一云张鲁，一云刘表。"《想余注》可以认为是《想尔注》的误记。此外，在道教的相关资料中也记载了《想尔注》乃五斗米道的张鲁所著。由此看来，《想尔注》作为一部与五斗米道关系密切的《老子》注释书似乎成为了一个事实。然而对于敦煌写本《想尔注》是否成书于东汉末年，学术界是抱有疑问的。有观点认为该版本应该成书于5世纪左右。不得不说，其中还有尚不明确之处。并且，对于想尔注中的"想尔"一词，《经典释文》将其解释为人名，但是否真的如此呢？这一点也是不明确的。

想尔注的特征是论述《老子》中作为神格的"道"，强调"信道守戒""奉道诫"等观点的重要性。想尔注中的"道"是对《老子》的"道"的神格化。"人欲举事，先考之道诫"（第十五章注），"我仙士也。但乐信道守诫不乐恶事"（第二十章注），"奉道诫，积善成功，积精成神，神成仙寿，以此为身宝矣"（第十三章注），书

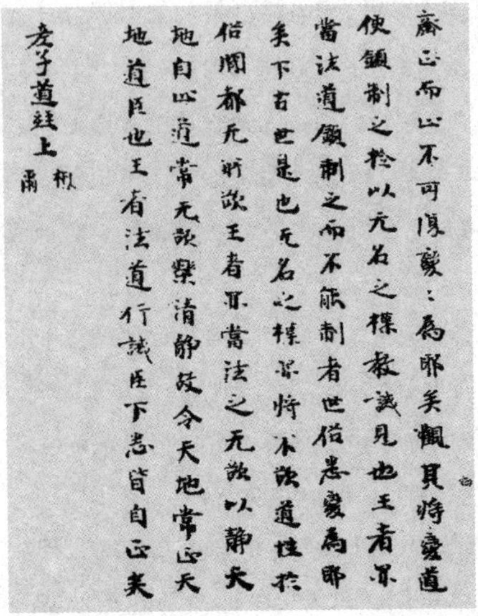

图 7 敦煌写本《老子想尔注》（斯坦因第 6825 号），大渊忍尔《敦煌道经·图录编》第 434 页

中这些内容反复论述了"奉道诫"的重要性。此外，想尔注还指出"奉道诫"与获得长生也有关联。关于这一点笔者想通过第四章的部分内容来进行较为详细的说明。（关于第四章整体内容请参照本书第二部分的第110页。）

  挫其锐，解其忿，　　　　　　　　　　［第四章（节选）］
  【想尔注】锐者，心方欲图恶。忿者，怒也。皆非道所喜。心欲为恶，挫还之；怒欲发，宽解之，勿使五藏忿怒也。自威以道诫，自劝以长生，于此致当。忿争激，急弦声，所以者过。积死迟怒，伤死以疾，五藏以伤，道不能治。故道诫之，重教之丁宁。五藏所以伤者，皆金木水火土气不和也。

锐，是指心正想要图谋做恶事。忿，是指愤怒。这些都不是道所喜欢的。当心想要作恶时，应将其恶念打碎使之回到元初；将要发怒时，应和缓开解，不要让五脏忿怒。以道诫让自己保持敬畏与谨慎，以长生来劝解勉励自己，就能达到正好的状态。如果愤怒争执之心变得激烈，就如琴之弦音过快而越过恰好的调和之处。如果重复可能致死的行为，总是处于愤怒的状态，就会生病乃至死伤。如果五脏受损，道也无法医治。于是，道重复且认真地劝解并教诲着。五脏受伤的理由是因为金木水火土五行之气均失去调和。

对于《老子》原文中的"挫其锐，解其忿"（一般写作"纷"字，《想尔注》的文本中理解为"忿"字），《想尔注》的解释是挫灭欲行恶事之心，抑制愤怒，再进一步说明这就是一种道诫，与长生以及五脏之气的调和相关。

这段注释中有"非道所喜"一词。从这种表述中可以得知想尔注中的"道"是具有喜怒哀乐的神格。此外在"疵（对《老子》原文'能无疵乎'中的'疵'作注释），恶也。非道所喜"（第十章注），"道常无欲乐清静"（第三十七章注）等注释中，具有"道意"（道之心）的词语多次出现。然而在"道至尊，微而隐，无状貌形像也。但可从其诫，不可见知也"（第十四章注）这句话中可以看出，《想尔注》对"道"具有"状貌形像"持有否定态度。但是从"道设生以赏善，设死以威恶"（第二十章注）这句话中又可以看出，道是严格区分人的善恶并施以赏罚的人格神般的存在。

《想尔注》对人之善恶严格区分的意识是十分强烈的。其结果是,有时注释会脱离《老子》原文的主旨而牵强附会。例如对于《老子》第五章中"天地不仁,以万物为刍狗"这句话通常的解释是:"在天地造化的运作之中并没有仁慈之心,将万物当作稻草扎成之犬,做成之后便弃之(任其自然生长)"。然而《想尔注》的解释却是:"天地像道,仁于诸善,不仁于诸恶,故杀万物,恶者不爱也,视之如刍草、如苟畜耳。"也就是说天地对待善人和恶人是各不相同的,对待善人以仁慈,对待恶人以不仁,这种解释是有些牵强的。

又如,《老子》的第十七章一般被解释为阐述无为自然的理想政治形式以及从优到劣的统治方法(参考本书第二部分第150页)。然而《想尔注》的解释却不相同。对于原文中的"其次畏之",《想尔注》注释为"见恶人,诫为说善,其人闻义则服,可教改也。就申道诫示之,畏以天威,令自改也";对其后的"悔之"一句注释为"为恶人说善,不化而甫笑之者,此即刍狗之徒耳,非人也。可欺侮也,勿与语也"。也就是说《想尔注》将恶人分为了两类,对于愿意听从教诲的恶人就示以道诫引导他们向善;对于听不进教诲的恶人仅将他们视为刍狗之徒,欺侮之、轻蔑之。

如上述这般,《想尔注》对严格区分善恶有着较强的意识。它假定了名为"道"之神格的存在,认为"道"具有鲜明的人格神的性格,并且从应该遵守"道诫"的立场写下了《老子》的注释。遵守了"道诫"就能获得仙寿,这种想法包含了以不老长生为目的的神仙思想的要素。《想尔注》的具体写作过程尚不可知，但极有可能是某个宗教组织为了教导他们的信徒以及周边人员所写。严格区分善恶的意识强烈，可以认为是因为《想尔注》有着实际存在阐述对象，其内容成为了那些人的行为规范。

此外，《想尔注》还多次批判"世间伪伎""世间常伪伎"等内容。根据《想尔注》的说明，"世间（常）伪伎"是指那些修习房中术或体内神存思（冥想）之人，只是具体指代的哪个时代的哪种宗教集团就不明确了。对于同样基于神仙思想修行相似道术的其他集团组织所持的批判态度中可以推断，《想尔注》是由以《老子》为圣典的某个宗教组织写成并使用的。即使注释内容有些偏离《老子》原文也要以"道诫"为依据引导人们行善，这样的写作意图使得想尔注成为了《老子》注释中独具特色的一种。

玄宗御注——皇帝亲自书写的《老子》注

唐玄宗（712—756年在位）是日本人尤为熟悉的一位中国皇帝。在他统治的前半段由于善政出现了被称为"开元之治"的盛世，后半段却因为沉溺于与杨贵妃的恋情荒废了政事，从而导致了安史之乱。玄宗与杨贵妃由于白乐天的《长恨歌》在日本特别有名。

玄宗是一位爱读《老子》、喜好道教的天子。唐朝的王室原本就与老子和道教有着深刻的关系。隋唐交替之际，唐高祖李渊得到了老君所赐的"必得天下"的符命（应该成为天子的人才能获得

图 8 唐玄宗
(名古屋市蓬左文库所藏
《历代君臣图像》)

的吉兆)。让这件事情顺利发生的便是道教的道士。况且,唐王室姓"李",故名曰李耳的老子被认为是唐王室的远祖。他被赐予"玄元皇帝""太上玄元皇帝"等名号并得到尊崇。唐朝的都城长安是一座具有国际化色彩的城市,城内有佛教、道教、祆教(琐罗亚斯德教)、景教(聂斯脱里派的基督教)、摩尼教等各种宗教的设施。其中在寺庙以及僧侣数量上最具优势的是佛教。然而,道教由于与唐王室的特别关系而受到优待。在朝廷中,道教居于佛教的上位,并施行了"道先佛后"的政策。

在这样的背景下,《老子》一书受到了官方的特别重视。据记载,贞观二十一年(647)玄奘得到敕命,让他将《老子》翻译为梵语(《续高僧传·京大慈恩寺释玄奘传》)。玄奘,就是众所周知的明代小说《西游记》中三藏法师的原型。高宗(649—683年在位)的时候,王公百官均被要求学习《老子》。到了玄宗开元年间,在各地设置了祭祀"玄元皇帝"的庙宇，开设了学习《老子》《庄子》《列子》的崇玄学并招收学徒，设置了仿照科举考试的考试科目。像这种官方对老子尊崇至极的例子还有很多。

玄宗在开元二十年（732）完成了对《老子》的注释，并在次年（733）命天下士庶各家收藏《老子》。玄宗的这部注释全称为《唐玄宗御注道德真经》，一般简称为"玄宗御注"或"御注"。这部注释与《老子》的原文一起刻在石碑上，并被放置在各地的道观内。开元二十三年（735）对玄宗御注的御疏也被写成。疏，是指对注释的进一步注释。《老子》的玄宗御疏实际上是宫廷的学士和道士依据玄宗的圣意所写。

对玄宗的道教信仰产生巨大影响的是当时道教上清派的宗师司马承祯。玄宗被司马承祯授予符箓，在形式上取得了道士的资格。其实，唐玄宗并不仅仅偏爱道教，他是一位同时关注儒教和佛教并保持宗教平衡的执政者。在《老子》注之外，他还著有《孝经》注和《金刚般若经》注。儒、佛、道三教的终极之处是一致的，均可作用于治世，这是玄宗的基本思想。玄宗命令善于书法的司马承祯用篆书、隶书、金剪刀书三种字体抄写老子，同时对文字进行校勘，最后奉上五千三百八十字的《老子》底本。玄宗为《老子》作注的文本，应该就是司马承祯的校勘本。

玄宗御注的特征在于同时参考了王弼注与河上公注，并新加入了佛教的思想、词汇以及中国古典文章中使用典据等表现手法。具体情况，我们来看《老子》第一章的开头部分。

图9　邢台龙兴观道德经幢
（严灵峰《无求备斋老子集成》初编）

道可道，非常道。名可名，非常名。　　　　　　（第一章①）

【玄宗御注】道者虚极之妙用，名者物得之所称。用可于物，故云可道。名生于用，故云可名。应用且无方，则非常于一道。物殊而名异，则非常于一名。是则强名曰道，而道常无名也。

"道"是虚极的妙用（好的应用），"名"是物得到的称谓。"用"在"物"之处成为"可能"，因此曰"可道"。"名"产生于"用"之处，因此曰"可名"。（道与万物一一）对应并发生作用（"应用"），没有边际，所以并不总是固定于一种道。万物各种各样名称也各不相同，因此不是只有一种固定的名。这就是《老子》中的"强字之曰道"（第二十五章），"道常无名"（第三十二章）。

无名，天地之始。有名，万物之母。　　　　　　（第一章②）

【玄宗御注】无名者，妙本也。妙本见气，权舆天地。天地资始、故云无名。有名者，应用也。应用匠成，茂养万物。物得其养，故有名也。

"无名"是指妙本（好的本体）。妙本显露气，开始创造天地。天地以此为本，由此开始。因此曰"无名"。"有名"是指与万物一一相对并发生作用（"应用"）。它与万物对应并巧妙地发生作用，养育万物。万物得到它的滋养。以此曰"有名"。

故常无欲以观其妙，常有欲以观其徼。　　　　（第一章③④）

【玄宗御注】人生而静，天之性。感物而动，性之欲。若常守清静，解心释神，返照正性，则观乎妙本也。若不正性，其情逐欲而动，性失于欲，迷乎道原，欲观妙本，则见边徼矣。

人生来处于安静的状态，这是天性。感知到物而活动，是天性的欲望。如果能够恒常地保守清静，开解心与精神，返照回正确的天性，那么就能见到妙本。如果没有正确的天性，其情追随着欲望行动，天性因为欲望而丧失，在迷失了道的根本的状态下想要见到妙本的话，则（不见根本）只会见到周围的事物。

玄宗在说明"道"的时候，用了"虚极""妙本"等词。"妙本"一词，最初使用于汉译佛典之中。然而唐代初期的道士成玄英在其所写的《老子道德经义疏》之中也多次用到此词。这个词用来强调"道"的一个侧面，即它是生出万物的根源性实在。关于"虚极"，御注对《老子》第十六章原文中的"致虚极"的解释是"虚极者，妙本也"，即"虚极"与"妙本"意思相同。御注中对应"妙本"出现了"应用"一词，是指"道"作为本体与万物的各个存在方式相对应并产生作用。像这样使"妙本"与"应用"对应使用的叙述方式还使用在于第二十五章的注释中。对于该章节原文中"寂兮寥兮，独立而不改，周行而不殆"一句，御注解释为"有物之体，寂寥虚静，妙本湛然常寂，故独立而不改。应用遍于群有，故周行而不危殆"。

玄宗用"妙本"一词说明"道"，可谓是与关注本体论、对《老子》进行形而上学解释的王弼注相关。然而，玄宗御注中也使用了很多佛教用语。例如《老子》第四十章的原文是"天下之物生于有，有生于无"，御注注释为"天实之于权，犹无之生有……然至道冲寂，离于名称，诸法性空，不相因待"；又如对第八十一章"既以为人，己愈有；既以与人，己愈多"，御注注释为"此明法性无尽。言圣人虽不积滞言教，然以法味诱导凡愚"。"权与实""诸法性空""法性无尽""法味"等词均是佛教用语。玄宗御注中使用大量的佛教用语是因为六朝后期以来佛教教理学对《老子》的解释产生了影响。佛教最初传入中国的时候就曾以《老子》《庄子》等道家思想作为理解它的媒介，因此汉译佛典中用到了大量《老子》《庄子》中的词汇。这段历史背景笔者将在后面章节介绍。

上述原文②对应的注释中使用的"资始"一词出典于《易经·乾卦·彖传》中的"大哉乾元，万物资始"；原文③④对应的注释中"人生而静，天之性。感物而动，性之欲"一句是引用了《礼记·乐记》的原文。像这种多次采用引经据典的表现手法是御注的特征之一。值得注意的是，御注引用最多的文献是《易经》和《庄子》。与王弼注、河上公注等其他注释相比，御注全篇显得格调高雅，这与多次用典的表现手法相关。

玄宗认为《老子》的要点在于"理国理身"（治国治身），他在《道德真经疏释题词》中写道："其（指《老子》）要在乎理身理国。理国则绝矜尚华薄，以无为不言为教。……理身则少私寡欲，以虚心实腹为务。"对玄宗产生了很大影响的司马承祯被玄宗之前的天子睿宗在朝廷召见时，曾被问到"理国理身"的问题。他回答说："国犹身也。"对于将老子和道教作为政策的唐朝而言，也许会理所当然地认同像河上公注那样将《老子》理解为"理国理身"之书。事实上,在唐朝,河上公注的地位确实超越了王弼注,它作为当时认可度最高的《老子》注释而得以盛行。然而唐代的《老子》注释书大多像玄宗御注那样,除了河上公注,还吸收了王弼注、佛教思想等许多其他的思想。唐代的老子学是吸收了魏晋玄学、六朝隋唐中国佛学等思想的集大成之物,玄宗的《老子》御注便是其中的代表之一。

其后的老子

宋代以及其后的朝代也出现了许多《老子》的注释书。其中对日本产生影响而受到关注的是南宋景定二年(1261)写成的林希逸的《道德真经口义》(《老子鬳斋口义》)。

武内义雄在《日本的老庄学》(岩波文库,《老子》附录,1938。之后被收录在《武内义雄全集》第六卷,角川书店,1978)一文中简要地说明了日本对《老子》的接受情况。文中写到,《老子》在圣德太子时代已经传入日本,平安时代藤原佐世(847—897)所著的《日本国见在书目录》中除了河上公注、王弼注、玄宗御注以外还记载了数种《老子》注释本。从平安时代到镰仓·室町时代,河上公注本是日本人阅读最多的《老子》注释书。然而到了江户时代初期,林罗山(1583—1657)注意到了林希逸的《老子鬳斋口义》,他在施以训点以后出版了此书,于是林希逸注开始在日本盛行。到了18世纪中期,日本几乎无人再读河上公注。明代末年,为了逃避战乱而来到日本侍奉于尾张藩的陈元赟哀叹于日本独独盛行林希逸注而遗忘河上公注的现象，于是以河上公注为基础写下了《老子经通考》并付梓。

林罗山对《老子鬳斋口义》评价甚高，是因为"林希逸将向来被同一视之的老子和庄子分开，并认为佛经与庄子接近、老子与儒学更为一致"（武内义雄《日本的老庄学》）。也就是说，林希逸认为老子的思想与儒家思想相同，老子是从另一个侧面来陈述儒家思想。这种思考方式让身为儒者的林罗山轻易地接受了《老子》。当然，儒老一致的想法是有些不合理的，林希逸对《老子》的注释中也有多处充满着诡辩色彩。然而，对《老子》原文做出诡辩性解释的注家并不少见。河上公注中便可见到这种倾向，想尔注更是明显。从读者的立场对原文进行自由地解释仿佛是《老子》这部著作的宿命。不管怎样，《老子鬳斋口义》成为江户时代流传最广的《老子》注释书，并产生了很大的影响。同时，江户时代也出版了许多日本学者所著的《老子》注释书籍。例如金兰斋的《老子经国字解》、海保青陵的《老子国字解》、太田晴轩的《老子全解》，等等，均是当时的代表著作。

另一方面，关于欧美对《老子》的接受情况可以参考福井重雅的《老子道德经的英译及其问题》（《东方宗教》第36号，1970）、山室三良的《欧美对〈老子〉的接受》（《福冈大学人文论丛》四卷2号，1972）、坂出祥伸的《欧美的〈老子〉》（康德谟〔Max Kaltenmark〕著，坂出祥伸、井川义次译，《老子与道教》"解说"，人文书院，2001）等文章。据这些文章介绍，《老子》传入欧洲的具体时间尚不明确,现存最早的《老子》西文译本是由罗马天主教传教士翻译的拉丁语版。该版本在1788年被带到了英国,现存于大英图书馆中。《老子》最早的英译本是由英国的湛约翰(John Chalmers)在1868年译成。在此之前的1842年儒莲(Stanislas Julien,1797—1873)已经完成了法语译本。1844年,两种德语译本出版,此后欧洲各国语言的《老子》译本陆续出版。其中,亚瑟·威利(Arthur Waley,1889—1966)所译的英译本,戴闻达(Jan J. L. Duyvendak,1889—1954)翻译的法语译本,列夫·托尔斯泰(1828—1910)与小西增太郎合译的俄语译本等被视为了名译作品。《老子》是中国古典著作中被翻译成外语最多的作品,尉迟酣(Holmes Welch)在《道》(*Taoism — the Parting of the Way*,Beacon Press,Boston,1957)一书中写道:"除了《圣经》,没有哪一部著作像《老子》这样被频繁地翻译为英文。"可见,欧美人对《老子》有着多大的兴趣。

第三章 | 老子与佛教

老子与中国对佛教的接受

本书在第一章中介绍了《史记》中的《老子传》。司马迁写下《史记·老子传》的西汉武帝（前141—前87年在位）年间也是佛教开始传入中国的时代。关于佛教传入中国的开端有个著名的传说。话说东汉永平年间（58—75），明帝梦见一个全身闪耀着黄金般光芒之人，解梦以后就派遣使臣前往天竺寻求佛法，于是佛教就传入了中国。这个故事被称为明帝感梦求法，虽然在《高僧传·摄摩腾传》等文献中可见其记载，却很难被认为是真实发生过的史实。实际上在其之前，西汉武帝派遣张骞出使西域，从而开辟了东西贸易路线。一般认为中国人是通过这些从事东西贸易的商人开始知道佛教的。

佛教传入中国的初期，中国人是怎样理解佛教的呢？实际上，这个问题与老子产生了关联。

中国的佛教信仰在文献上最早可以确认的，是关于东汉楚王英的记载。楚王英就是感梦求法传说中明帝的弟弟。据《后汉书·楚王英传》记载，他年轻时喜好游侠，晚年爱好"黄老之学"并进行了"浮屠（梵语 Buddha 的音译）斋戒祭祀"。永平八年（65）明帝下诏大赦天下之时，楚王英奉上缣帛（绢）以表赎罪之情。明帝却下诏曰："楚王诵黄老之微言，尚浮屠之仁祠，洁斋三月，与神为誓，何嫌何疑，当有悔吝？其还赎，以助伊蒲塞（优婆塞，即在家信佛者）桑门（沙门，即出家僧人）之盛馔。"

从关于楚王英的记载中可以看到在公元 1 世纪时的楚地，已经存在居家信佛之人和出家僧侣集团了。楚王英与这些佛教集团保持着联系，恐怕他是因为信仰佛教感悟到自身的罪恶因此奉上了绢帛以赎罪；然而其兄长明帝认为没有犯下任何罪行的楚王英不必赎罪，又将绢帛作为佛教集团的贡品予以归还。这里值得注意的是"喜黄老学，为浮屠斋戒祭祀"以及"诵黄老之微言，尚浮屠之仁祠"这两句话。"浮屠之仁祠"，大概是因为在中国也把佛称为能仁的关系。总之，文献中记载楚王英祭佛之事时，往往同时提及"黄老之学""黄老之微言"等。这些记载暗示了当时佛教被理解为与"黄老之学""黄老之微言"相同的事物。

了解中国早期接受佛教的情况还有另一份重要的资料，那就是《后汉书·襄楷传》中关于东汉桓帝（146—167 年在位）的一则记事。桓帝"好神仙事"（《后汉书·祭祀志》），喜欢举行各种各样的祭祀。当时的世道，宦官专横、世间混乱、灾害频发，擅长阴阳天文之术的襄楷对这样的情况非常忧心，于是在延熹九年（166）写下了一篇上疏文向天子陈述自己的意见。在上疏文中，襄楷对桓帝的佛教信仰做出了如下批判：

又闻宫中立黄老浮屠之祠。此道清虚,贵尚无为,好生恶杀,省欲去奢。今陛下嗜欲不去,杀罚过理,既乖其道,岂获其祚哉!或言老子入夷狄为浮屠。浮屠不三宿桑下,不欲久生恩爱,精之至也。天神遗以好女,浮屠曰,此但革囊盛血,遂不眄之。其守一如此,乃能成道。今陛下淫女艳妇,极天下之丽,甘肥饮美,单天下之味,奈何欲如黄老乎?

听说宫中又建起了黄老、浮屠之祠。此道是清虚、淡泊之道,尊重无为的方式,喜好生存,憎恨杀戮,教导人们消除欲望与奢念。然而如今陛下贪图追求享受,实施的杀戮与刑法超越了道理。这些都是与道相违背的行为,(即使设立祠堂进行祭祀)又怎能得到幸福的结果呢?传说老子去往异国成了浮屠。浮屠不在同一棵桑树下连宿三个夜晚,是害怕驻留时间长会产生眷恋之情。(为了修道)可以思虑至此。天神派下美女(试图扰乱浮屠心智)之时,浮屠说:"不过是盛着血肉的皮囊罢了。"最终也没有看向美女一眼。像这样,牢牢地坚守住了重要的"一",浮屠终于完成了道,得到了悟。如今,陛下将天下的美女都聚在身边,将天下的美味一一收集品尝。(做了这些事情)您想达成黄老那样成就的愿望究竟如何能实现呢?

这篇上疏文说明了公元2世纪后半叶中国佛教的一个十分有趣的状况。其中有两点与老子相关的内容值得注意。第一,桓帝的时代与楚王英的时代相同,都将佛教与"黄老"理解为同一事物。第二,出现了"老子入夷狄为浮屠"的老子化胡传说。

老子化胡的故事将在后文中论述，首先我们先来看第一点。桓帝为了祭祀浮屠而修建了祠堂，然而祭祀的不单只是浮屠，还有"黄老"。上疏文中批判桓帝佛教信仰的襄楷也将佛教与"黄老"思想视为一物，将"清虚"、"无为"、寡欲、禁止杀生、"守一"、戒淫欲奢侈当作两者共通的教诲。并且认为成为"黄老"那样就是有所悟（成道）。

"黄老"，即是上一章提到的黄帝和老子的合称，西汉初期黄老思想流行，当时的黄老思想侧重政治思想层面。后来，汉武帝采用了儒者董仲舒的意见，开始推行"罢黜百家、独尊儒术"的方针，因此作为政治统治思想的黄老思想开始衰落。人们对"黄老"的关注从政治统治层面转移到神仙、宗教层面。原本关于黄帝就有乘龙升天的传说（《史记》"封禅书"），而老子在传说中也因为"修道养寿"活到一百六十余岁，或者两百余岁（《史记·老子传》）。儒家思想国教化以后，黄老思想中的神仙思想更是被放大，到了楚王英、桓帝的时候"黄老"被神格化，成为祭祀的对象。从襄楷的上疏文中可以推测，当时的人们认为遵守《老子》中所说的"无为"、寡欲等教诲，保持心灵的平静，祭祀"黄老"，就会被赐予现世的幸福。

2世纪后半叶，大约是东汉末年，中国出现了最初的道教集团，即张角创立的太平道以及张陵在蜀地创立的五斗米道。据说张角"奉事黄老道"（《后汉书·皇甫嵩传》），此处的"黄老道"即是将"黄老"神格化的民间信仰性质的宗教。东汉末年，在农村社会崩溃和朝廷政治混乱的背景下整个社会处于不安定的状态，对宗教的强烈需求是当时的时代潮流。在这样的时代洪流之中，"黄老"变成了完全地神仙化、宗教化的事物。这些内容笔者会在后面详细叙述。

老子的神格化

在"黄老"一词从西汉初年作为政治统治层面的黄老思想，到东汉末年的"黄老道"的变迁过程中，老子的神格化程度越来越深。东汉王充在《论衡·道虚篇》中写道："世或以老子之道为可以度世（长生化仙）……老子行之（指恬淡无欲、养精惜气，不伤害精神），逾百度世，为真人矣。"由此段话可知，在东汉前半期（1世纪）存在着老子长生不老成为"真人"的传说，并有观点认为老子之道是为了"度世"的教诲。

那么，老子被认为有着怎样的神格呢？关于这个问题，边韶的《老子铭》和敦煌写本《老子变化经》中的叙述十分有趣。

首先，我们先来看边韶的《老子铭》。边韶，以文章著称，是东汉桓帝时期的一位尚书令，《后汉书·文苑传》中可见关于他的记载。在襄楷上疏的前一年，也就是延熹八年（165），桓帝曾两次派人前往老子的故乡陈国苦县，在祠堂（老子庙）祭祀老子。此时，刚好担任陈国相一职的边韶被桓帝命令写一篇赞美老子的文章。那时他写下的就是《老子铭》。铭是一种将人的功德刻在金石上流传后世的文体。刻有边韶《老子铭》的石碑未能保存到现在，不过这篇文章被收录在了后世集录碑文的著作《隶释》之中。

边韶学习儒学,对于老子在心里并没有特别尊崇,然而在天子的命令下却不得不写下一篇赞誉老子的文章。因此,《老子铭》也是一篇可以窥见他矛盾的立场与内心纠葛的文章。

《老子铭》开头处写道:"老子姓李,字伯阳,楚相县人也。"这篇文章认为侍奉周幽王的伯阳甫就是老子。这好像是东汉对老子身份的普遍看法。据《史记·周本纪》记载,伯阳甫是三川(泾水、渭水、洛水)之地(今陕西省西安附近)地震时,预言了周朝灭亡之人。幽王的时代早于孔子的时代两百余年,如果将这则记载与《史记·老子传》中的孔子问礼谈结合起来,那么孔子去见老子时,老子已经超过两百岁了。前文也曾提到过,还有一种说法认为老子的身份是早于孔子一百二十多年的周太史儋。并且,《老子》原文中写有"谷神不死,是谓玄牝"(第六章)等具有神秘性的话语。这些与老子相关的传说以及《老子》这部著作自身具有的神秘色彩足以将老子变成超越常人的存在。边韶在文中写道:

> 由是世之好道者,触类而长之,以老子离合于混沌之气,与三光为终始。观天作谶,降升斗星。随日九变,与时消息,规矩三光,四灵在旁。存想丹田,大一紫房,道成身化,蝉蜕渡世。自羲农以来,世为圣者作师。

像这样,世间喜好"道"之人每每接触到(与老子具有神秘性质的言论）同类的话语，就会将它们加以夸大以至于形成了以下的观点。老子与混沌之气分开又合体，与太阳、月亮、星辰同始同终。他看见天边能预言，他随着北斗七星升起降落，每日变化九种姿态，随着时间的转移而盛衰变化。他让太阳、月亮、星辰按照正确的规则运行，让青龙、白虎、朱雀、玄武四神兽侍奉左右。他将精神集中在丹田，口中念诵着天帝太一所居住的紫微宫，由此完成了"道"，变化了外貌姿态，就像是蝉蜕壳那般由现世走向彼岸。从伏羲、神农的远古时代开始，老子成了世世代代圣人的老师。

边韶认为老子的神秘化是由"世之好道者"推进的，同时还记录了这些人对老子的神秘性、超越性的三方面看法。第一，老子与宇宙根源之气为一体，是掌管天体运行的超越（凡俗的）存在；第二，老子原本是人，通过集中精神冥想天界的方式成了神仙；第三，老子从远古时代起就作为帝王之师数次转世重生。

这三方面中的第一条叙述是将《老子》阐述的"道"的性格视为老子自身的性格。关于《老子》中的"道"究竟为何物请详见本书的第二部分内容。"道"被视为宇宙的开端，同时孕育出了天地万物，是远超人类知觉、认识的存在。那么作为与"道"同一存在的老子，自然是远超人类领域、与宇宙同等规模的超越性存在。

第二条叙述是说老子通过实行后来受到道教重视的冥想法"存思"这种方式来完成了"道"。这条叙述与第一条叙述中老子作为远超人类领域、与宇宙同等规模的超越性存在相比，产生了很大的落差。然而，从人类老子到神仙老子的转变可以通过冥想与宇宙同化来完成，这样的想法是十分有趣的。笔者在本书的第二部分中也提到《老子》中的一些章节或许是根据冥想的体验写成。

第三条叙述是说乱世之中，老子具有作为重振社会的救世主的职责。既然老子已经是超越时间的存在，那么他就能够几度转世重生。为什么会成为帝王之师呢？那是为了让帝王施行好的政治。笔者在第二部分中写到，虽然《老子》中有很多内容是个人的处事法则，但同时也有很多内容是对社会思想、政治思想的关注。例如社会整体应有的形态，为君主者应该怎样治理国家等问题。或许期待老子作为超越性存在，发挥救世主作用的想法正是萌发于这些内容之中吧。然而，《老子铭》并没有让老子自身成为重振社会的帝王，而是让他仅仅处于帝王之师的立场。这样既可以避免老子直接踏入世俗的政治，同时又能让他拯救世人于苦难之中。老子被赋予了这样的社会性作用，归根结底是因为人们对老子寄托了这样的希望。东汉末年，随着社会越发地动荡不安，人们期待救世主的愿望也越来越强烈。在下一个小节《老子变化经》中，老子会亲自告诉世人，信奉自己就会得到拯救。

综上所述，老子在"世之好道者"之间由人类老子变为神仙老子，成为宇宙原理本身，成为超越时空的存在。老子逐渐地完成了从论述"道"的思索者到重振社会、拯救世人的宗教性神格化的变化。

然而，在上述内容之后，边韶又接着叙述了《汉书·古今人表》中的内容。"古今人表"大胆地将上古至秦朝的名人划分为"上上 圣人"到"下下 愚人"等九个品级（具体内容可参照本系列中大木康所著的《〈史记〉与〈汉书〉》）。老子在《古今人表》中被排在了"中上"的位置，即九品之中的正数第四品。相对于排在"上上"的孔子和排在"上中"的孟子，老子被排在"中上"是因为《汉书》作者班固站在儒家的立场进行了价值判断。边韶在文中引用《论语·卫灵公》篇中的"道不同不相为谋"（即志向不同的人无法一起谋划之意），对"世之好道者"的观点和班固的观点进行了总结。对于哪种观点正确，边韶保留了自己的判断。

《老子铭》并没有到此结束，后文的主旨与前述内容相同。无法改变作为儒家的立场、无法从内心赞同老子神格化观点的边韶在其后写到老子避世隐居、谦逊地生活，所幸的是他再现于今世，并受到了天子的祭拜等内容。边韶这种受命于天子、有悖于本意的曲折心理被如实地刻在了石碑之上。总之，不管怎样，我们都能从《老子铭》一文中了解到2世纪中叶老子是如何被一部分人神格化的情况。

《老子变化经》

接下来，让我们来看敦煌写本《老子变化经》（斯坦因第2295号）。《老子变化经》并没有被收录在道教经籍总集《道藏》之中。

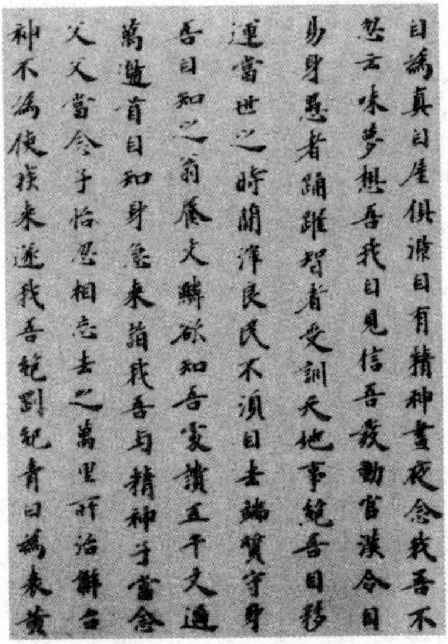

曰為真曰僊俱讓曰有精神晝夜念我吾不
忽云味夢想吾我曰見信吾哉動宮漢令曰
易身恩者踊躍智者受訓天地事絕吾目移
運當世之時聞澤民不須曰去端質守身
吾曰知之翁養丈鱗欲知吾處讀五千文過
萬遍首自知身急來詣我吾與精神并當念
父父當念子怡忽相忘去之萬里祈治解台
神不為使疾來逐我吾絕劉紀青曰為表黃

图 10　敦煌写本《老子变化经》(斯坦因第 2295 号)。该图可见“欲知吾处，读五千文过万遍”等字。大渊忍尔《敦煌道经·图录编》第 688 页

现存的只有敦煌发现的写本，今藏于大英图书馆中。虽然该写本的开头部分有些许的缺损内容，然而文末的书名、跋文得以完整地保存。根据跋文可以得知该写本写于隋朝的大业八年(612)。虽然此版本的抄写时间是隋朝，但从内容上判断，《老子变化经》应该成书于东汉末年左右。

《老子变化经》的开头部分与《老子铭》相同，叙述老子是宇宙的开端，同时也是超越性的存在，从远古时代开始便是作为帝王之师几度转世重生。在描述老子的超越性时，文中使用了“自然之至精”“天地之本根”“神明之帝君”“阴阳之祖首”“万物之魂魄”等词。对于老子变化自在的样子，文中如下写道：

老子能明能冥，能亡能存，能大能小，能屈能申，能高能下，能纵能横，能反能覆，无所不施，无所不能。在火不燋，在水不寒。

老子可以变得明亮亦可以变得黑暗，可以消失灭亡亦可以存在，可以变大亦可以变小，可以缩短亦可以伸长，可以变高亦可以变矮，可以纵向亦可以横向，可以复原亦可以颠覆，没有他不施行的事情，亦没有他做不到的事情。他在火里不会燃烧，在水中不会寒冷。

这段话仿佛是对《庄子》等书籍中记载的神仙形象的详细描述，说明了老子被视为神仙般的存在。值得注意的是在佛教传入中国的初期，这种描述方式也用来形容佛是怎样的存在。例如在牟子的《理惑论》(《弘明集》卷一)中就有以下内容。

佛乃道德之元祖，神明之宗绪。佛之言，觉也。恍惚变化，分身散体，或存或亡，能小能大，能圆能方，能老能少，能隐能彰。蹈火不烧，履刃不伤，在污不辱，在祸无殃。欲行则飞，坐则扬光。故号为佛也。

佛乃是道与德的元祖，是众神之根本。"佛"即是"觉"（觉悟）之意。他变化无常、无法掌握，他在各处做出分身，或许存在或许消失灭亡。他时而变小时而变大，时而变圆时而变方，时而年老时而年轻，有时隐藏姿态有时也显现在人前。他踩着火也不会被烧伤，踩着刀前行也不会受伤。他即使身处在混浊之中身体也不会沾染污秽，在灾难之中不会受到灾难的影响。当他想要去往某处时会飞行而去，坐着的时候会发出光芒。因此，将他命名为佛。

《理惑论》以问答的形式写成，牟子针对关于佛教的37个问题进行作答。《理惑论》的前序中说牟子是东汉末年的隐士，然而实际上这篇文章也有可能写成于三国时代。总之，这是一篇关于佛教传来初期，中国如何理解佛教的重要资料。文中，佛被看作出没变化、自由自在、超越常人的形象。然而，文中对超人性形象的描述，与之前例举的《老子变化经》中的描述非常相似。认为佛是"道德之元祖""神明之宗绪"等表述方式也同《老子变化经》中对老子的说明相似。前面已经写到，在楚王英、桓帝等人的佛教信仰中佛与老子被一体化。对于这两篇文章，可以更加具体地看到当时佛与老子的一体化情况。

《老子变化经》中写到，老子从庖羲（伏羲）、神农所在的上古时代开始几度转世重生，成为历代帝王的老师。经历了夏、商、周到秦、汉，到了东汉中晚期，老子的转世变得频繁，文中甚至详细记录了年号。例如阳加（嘉）元年（132）、建康元年（144）、大（本）初元年（146）、建和二年（148）、永寿元年（155）等年号在文中反复出现。文中年代最近的记载是永寿元年的三十年后在白鹿修建祠堂之事，由此可以推测《老子变化经》的写成时间。

《老子变化经》的最后是一段老子告诫世人的长篇言论。老子说"吾变易身形，托死更生，周流四海，时出黄庭"。其意为老子经历过几度转世重生，不但可以出现在地上世界，还能出入于天上世界。接着，老子又说：

> 昼夜念我，吾不忽云。味梦想吾，我自见信。吾发动官汉，令自易身。愚者踊跃，智者受训。天地事绝，吾自移运。当世之时，简泽良民。……欲知吾处，读五千文过万遍，首自知身，急来诣我。

> 如果昼夜都在心中想到我，我便不会对你视而不见。如果在梦中也景仰着我，我便会显灵。我可以操纵官役的行动也可以改变自己的形态。愚蠢的人会欢喜若狂，聪明的人会接受我的教诲。天地将要灭亡之时，我会亲自改变天地的运转，并在此时选出世间良善之人。……若想知道我的所在之处，便要诵读五千字《老子》一万遍以上。当你充分认识到了自己并告白了自身的罪孽之后，速速来到我的身边。

这段话显示出老子宗教性的救济者性格。老子告诉世人，要念诵老子的名字，要反复念诵五千余字的《老子》，只有这样才能得到救济。文中清楚地写到，当天地陷入末日危机，即"天地事绝"之时，老子将选出信奉自己的"良民"进行救济。虽然无法判断《老子变化经》中的这段叙述是否受到佛教的影响，但这与心中念诵阿弥陀佛等佛的名字便能看到佛的身姿进而得到救助的佛教观点是非常相似的。老子不仅成为了类似于佛的宗教性救济者，《老子》这部著作也成了一部人们反复念诵就能看见老子身形、得到救助的圣典。《老子铭》中虽然已经看到了老子的神格化，然而在《老子变化经》中甚至出现了《老子》的圣典化，这是值得注意的。

上述例文之后，老子又说，想要修"道"之人必须做到"恬泊""无为无欲"。当然，这些观点是基于《老子》中的内容所写。《老子变化经》告诉我们，在被视为末世的乱世之中，有一些人将《老子》当作圣典诵读，并通过实施书中所写的内容来修"道"从而希望得到老子的救济。在《老子变化经》中老子以救济者的形象，以强烈的语气对希望得到救济的人做出了回应，即"急来诣我""疾来逐我""南岳相求，可以度厄"等等。可见在政治、社会混乱，东汉即将灭亡的2世纪下半叶，人们寄希望于老子，希望他能发挥强有力的救济者的作用。

佛典的汉译与《老子》

前文写到东汉延熹九年（166），襄楷向桓帝上疏时提到了老子化胡说，即"或言老子入夷狄为浮屠"。老子前往印度成为佛陀，这个看似荒唐不稽的传说却对中国接受佛教起到了一定的作用。在中华思想根深蒂固的文化氛围中，产生于夷狄之国印度的佛教在最初的传播阶段受到了强烈的抵制。如果佛教的始祖佛陀是老子的化身，那就能消除中国人对佛教的抵触感，使佛教更易于被中国接受。

老子成为佛陀这个离奇的想法大概与老子身份的神秘性相关。尤其是《史记·老子传》中写到老子著"书上下篇"之后，离开了关所以后去向不明（"莫知其所终"）。出关以后向西前行的老子之后怎么样了？这个问题留给了人们自由的想象空间。随着老子的神秘化、神格化倾向愈演愈烈，人们认识到佛教中的佛陀与老子一样同为神秘的存在，于是就像前面提到的《老子变化经》和《理惑论》中记载的那样，老子与佛陀给人们的印象逐渐重合。

虽然老子自身的神秘性是老子化胡说产生的原因之一，但它却不足以导致老子与佛陀的同一性。如果不是认为老子所阐述的思想与佛陀阐述的思想相同，或者两者有共通之处，那么就不会出现老子化胡说。《三国志·魏书·乌丸鲜卑东夷传》的注释中引用了《魏略·西戎传》中的一句话："《浮屠》（此处是指《浮屠经》，即佛典）所载，与中国《老子经》相出入。盖以为，老子西出关，过西域之天竺，教胡。"这句话的意思是，佛典里记载的佛陀的教诲与中国的《老子经》有相同的内容，那是因为老子曾去往天竺教化胡人。这段文献让我们可以明确认识到《老子》与佛典存在共通之处，并且它还结合老子化胡说进行了说明。

佛典的汉译也能让我们认识到《老子》与佛典存在着共通之处。中国对佛典的汉译工作始于2世纪下半叶。中国人通过阅读被译为汉语的佛典来理解佛教。一般认为，格义佛教是中国佛教的最大特征。"格义"一词，可见于《高僧传·竺法雅传》。它是指用中国人易于理解的中国古典的概念和思想来比拟佛典中的条文、教义、概念。佛教传入的时候，中国已经形成了自己固有的文化和思想体系，佛典中的词语大多是通过中国的古典著作和传统思想为媒介来被理解和被接受的。通观中国佛教史，常常可以看到这种"格义"特征，然而越是在佛教传入的初期，这种倾向就越是强烈。

在中国，"格义"不仅仅是解释佛典的一种方法，在将梵语翻译为汉语的过程中，中国佛教已经具有了"格义"的性质。把外来语翻译成汉语时有两种情况，即或用发音近似的汉字记录发音，或在理解了外来语意思的基础上将其转译为相应的汉语词汇。佛典的汉译，使用了儒家思想、道家思想、墨家思想、神仙思想等各种中国传统思想文献中的词汇，其中《老子》《庄子》等道家书籍中的词语作为重要的佛教用语的译语来源，被使用得最为频繁。例如，"涅槃"是 nirvāna（吹灭烦恼之火的状况；悟的境地）的音译，根据它的意思将其译为"无为""无为寂灭"；又如"菩提"是 bodhi（悟的智慧）的音译，理解它的意思后将其译为"道"；再如"阿罗汉"是 arhat（巴利语为 arahant；应受到尊敬的修行者）的音译，根据其意被译为"真人"。不用说也知道，"道"出自《老子》，"真人"出自《庄子》。

像这样表示佛教重要概念的词语曾经大多使用道家文献中的词汇来翻译，因此，在中国想要解释佛教的概念和思想时，往往会偏向道家思想的方向。以 nirvāna（涅槃）一词为例。学僧僧肇（384—414？）所著的《肇论》对中国佛教产生了很大的影响。他在《涅槃无名论》一文中写道:"(涅槃者)秦言无为,亦名灭度。无为者,取乎虚无寂寞,妙绝于有为。"又道:"夫涅槃之为道也,寂寥虚旷,不可以形名得;微妙无相,不可以有心知。""寂寥""不可以形名得"等表述方式与《老子》(第二十五章、第一章)中说明"道"的表述方式相似。(参照本书第二部分第106页、第103页。)涅槃是佛教里的最终极境界。然而在中国,因为使用《老子》里的词汇将其译为"无为",所以在对其解释说明时就进入了《老子》的世界。南朝宋时的在家修行者宗炳(375—443)所著的《明佛论》(《弘明集》卷二)中也有类似的表述:"老子明无为。无为之至也,即泥洹(同涅槃)之极矣。"

涅槃境界与《老子》世界的关系在汉译佛典中早已可见。现在以阐述阿弥陀信仰的净土三部经之一的《无量寿经》来说明此类情况。一般认为三国时代魏国的康僧铠翻译了此经。实际上这部经文有五种汉译,吴国支谦所译的《阿弥陀三耶三佛萨楼佛檀过度人道经》(又名《大阿弥陀经》)被认为是最古老的译本。无论是支谦译本还是康僧铠译本,均是把 nirvāna 翻译为"泥洹",同时在论述"泥洹"时,屡屡出现《老子》中的词汇。

例如,康僧铠译本中有这样一句话:"彼佛国土(阿弥陀佛国土),清净安隐,微妙快乐,次于无为泥洹之道。"音译词"泥洹"与"无为"合在一起译出了"无为泥洹之道"一词。这个词还与阿弥陀佛国土产生了关联。又如支谦译本写道:"念道无他之念,无有忧思,自然无为,虚无空立,恢安无欲……过度解脱,能升入泥洹,长与道德合明,自然相保守。"这段话大意为仅念诵

"道",不念其他事物,若能"自然无为"地保持心中安然"无欲",便能得到解脱进入"泥洹"的世界;总是与"道德"一体化,保持着"明","自然"地能够维持那种状态。这段话中的"道德"就是《老子》中论述的"道"和"德",而"明""自然""无为"等词语也是《老子》中与"道"相关的具有深意的词汇。(参照本书第二部分)也就是说,这段话用表示《老子》中"道"的世界的词汇来说明佛教中"泥洹"的世界。像这样,nirvāṇa一词在佛典的汉译阶段已经被理解为与《老子》所阐述的"道"的世界相同。也许在说明nirvāṇa时,汉译文章中还增补了一些梵语原文中没有的言语。

现在,我再用"本无"一词来说明《老子》中的词汇与思想对中国佛教产生的巨大影响。在中国佛教史上,东晋时代(317—420)曾盛行过阐释佛教中的"空"。围绕这些不同解释的争论,"本无"一词常常被使用。对于般若经典中常见的概念"空"śūnya的解释,一般分为"心无义""即色义""本无义"三家。然而僧肇认为这些解释都不正确(见《肇论》"不真空论")。在这三家的解释中,"本无义"被认为是最接近《老子》的思想。

在早期的汉译佛典中,"本无"是tathatā(如此;原原本本的道理)的译语,后来tathatā多被译为"真如"。"本无"在汉语中是"根本的无"或"本来就没有"之意。《老子》原文中没有"本无"一词,但王弼注中却有与之近似的表达方式。对于《老子》第四十章中"天下万物生于有,有生于无"这句话,王弼注为:"天下之物皆以有为生,有之所始,以无为本,将欲全有,必反于无也。"以

"有"（有形之物）的形式存在的天下万物，以"无"（无形之物）作为"本"；如果万物各自要完善以"有"为存在的自身，就必须回归于"无"。此处的"以无为本"就与"本无"相近。

"本无"作为tathatā的译语常见于初期的汉译佛典中。例如，东汉支娄迦谶翻译的《道行般若经》，还有吴国支谦翻译的《大明度经》中有《本无品》一篇，其中写到"诸法本无，如来亦本无""一切皆本无"等等。此外，在吴国的康僧会翻译的《六度集经》中，"本无"一词也频频出现。《六度集经》是收录释尊[1]的本生故事的经典。书中将这些故事依照菩萨修行德目的六波罗蜜（即六度，分别为布施、持戒、忍辱、精进、禅定、智慧）进行分类。《六度集经》中释尊的前世故事以浅显易懂的方式阐述佛教的教诲，对于面向中国一般民众的布教起到了很大的作用。

以下是"本无"在《六度集经》中的几个用例。

昔者菩萨。身为龟王。昼夜精进，思善方便，令众生神，得还本无。（卷六）

曾经有一位菩萨，某一世的身体是龟王的形态。它日夜精进修炼，思考是否有一种好的方法让众生的魂神回归到"本无"。

（缘一觉五百人）愿曰，令吾疾获为正觉，将导众生，灭生死，神还于本无。（卷八）

---

[1] 释迦摩尼的别称之一。——译注

（五百人的缘觉）其愿为："我希望能够快速得悟，率领众生消除对生死之执念，使众生的魂神回归于'本无'。"

深睹人原始，自本无生。元气强者为地，软者为水，暖者为火，动者为风。四者和焉，识神生焉。上明能觉，止欲空心，还神本无。（卷八）

深深地观察人的开始，知其始于"本无"。在根元之气中，坚强之物成为了地，柔软之物成为了水，温暖之物成为了火，行动之物成为了风。地水火风四者和合，便能产生识神。聪明智慧之人能够领悟此理，抑止欲望、放空心灵，魂神就能回归于"本无"。

从以上用例中可以看到"还神本无"这句话在《六度集经》中反复出现。"神"是指寄宿在人的身体中，控制人的精神作用和认识作用的不可思议之物。领悟到人的初始是"本无"，消除欲望，让"神"回到有形的身体产生前的"无"的状态，这才是正确的存在形式。"还神本无"既是回到自己出生前的根源世界，同时也是到达超越生死的终极境地。引导众生到达这种境地是菩萨的职责，这就是《六度集经》中阐述的大乘佛教思想。

由于《六度集经》的梵语原典没有保存至今，因此无法得知"还神本无"对应的是原文中的哪一句话。然而，"还神本无"这种说法还是会让人联想到《老子》第四十章的内容。在"天下万物生于有，有生于无"这句话之前，还有一句"反者，道之动，弱者，道之用"（返回到根源是"道"的运动方式，柔弱是道德的作用），"反"是"道"重要的运动方式。老子认为作为"有"的万物产生于"无"，所以回到根源的"无"才是适合"道"的应有状态（参照本书第二部分第120页）。《老子》中万物理应回归的"无"，即是"道"的世界。回归于根源的"道"的世界，也可以说是《老子》思想的核心。本书将副标题定为"回归于'道'"正是这个原因。佛典《六度集经》中的译文"还神本无"阐述的也是回归到根源的"无"，并将"无"作为佛教的终极境地。从"还神本无"中也可以清楚地看到中国佛教，尤其是佛教在传入中国的初期阶段，是被人们理解为与《老子》思想极为类似之物而被接受。

第四章 ｜ 老子与道教

道教的成立与老子

现在我们再来看看老子与道教的关系。道教是基于中国自古以来的各种观念形成的本土宗教。"道教"得名于其追求长生不老，与"道"合为一体的终极理想。道教理想的"道"，既是《老子》中阐述的"道"又是道家思想的"道"，因而老子的思想在道教中占有极重要的位置。但将老子当成道教的教祖是不正确的。老子其人，在《史记·老子传》中已是暧昧模糊、谜团重重的形象。若说老子创立了道教，这是毫无根据的。

道教是吸收了道家思想、神仙思想、养生思想、阴阳五行思想以及各种民间信仰等多种要素而形成的，其间经历了漫长的酝酿阶段。关于道教的开端，说法不一。但一般认为2世纪下半叶太平道和五斗米道的出现即是道教的开端。在张角创立太平道、张陵创立五斗米道的时候，老子已经被神格化了。无论是太平道还是五斗米道均和被神格化的老子或是《老子》这部著作相关。前面已经提到，张角最初信奉的是将"黄老"神格化的"黄老道"。他通过让人忏悔罪过、使用符箓、咒文给农民治病等方式吸引了数十万信徒。中平元年（184），他打着推翻东汉王朝、建立新王朝的旗帜发动了黄巾之乱。只是这场叛乱很快遭到镇压，太平道也因此被消灭。

张角信奉的《太平清领书》逐渐形成了之后的《太平经》，书中包含了与《老子》十分相似的思想内容。例如，两者的生命观都十分重视人的生命。《老子》中的"道"是支撑天地万物生成造化的根源，遵从于"道"就要珍重自己与他者的生命。《太平经》也提到"夫寿命，天之重宝也""天地之性，万二千物，人命最重"等言论，认为人的生命十分珍贵，其他任何事物都无法取代。另外，在社会思想方面，《老子》与《太平经》都认为独自占有大量财富是作恶的行为。《老子》云"天道，损有余而补不足"（第七十七章），其意为既然天之道是公平的，那么理想的人世间也应该是公平的。《太平经》也认为独占财富不救济贫困者是人之大罪（参照本书第二部分第157页）。

另一方面，五斗米道因为与太平道一样有治疗病疾的奇方，因此在蜀地聚集了一些信徒。五斗米道，得名于入道者须出五斗米，又因张陵被尊为天师，故五斗米道又称为天师道。张陵死后，其子张衡、其孙张鲁均子承父业。张鲁还在汉中一带建立了一个延续近30年政权独立的宗教王国。五斗米道以张天师为教主，设置了被称为"治"的教区，教区的指导者大祭酒（治头）、祭酒统帅着被称为鬼卒的普通信徒。根据《三国志·魏书·张鲁传》注释里所引用的《典略》记载，祭酒负责让信徒学习《老子》

五千文。前文提到的敦煌写本《老子想尔注》(斯坦因第6825号)据说便是五斗米道使用的《老子》文本。

作为早期的道教集团,太平道与五斗米道的形态虽不相同,但老子或《老子》在两个教派里均发挥了极大的作用。老子虽不是道教的创始人,然而道教在创立阶段,就与被神格化的老子以及被圣典化的《老子》有着密不可分的关系。

那么,在之后的道教历史中,被神格化的老子和被圣典化的《老子》有着怎样的发展变化呢?首先来看被神格化的老子。

被神格化的老子后来渐渐被称为老君,道家认为许多的神仙方术的由来均与他相关。4世纪初,晋朝的葛洪(283? —343?)所著的《抱朴子》中记载了3世纪至4世纪初期秘密流传下来的各种神仙方术的具体内容。葛洪虽然学习过儒教,或许是因为其祖上的著名方术家葛玄[1](葛仙公)的关系,他对神仙思想持有很大的兴趣,并跟着葛玄的弟子郑隐学习神仙之道。葛洪认为成为神仙最好的方法便是服用金丹(用液体状的金液和丹砂炼成的还丹)。他对仅仅依靠祭祀、祈祷就想不死登仙的信仰提出了尖锐的批判(《抱朴子·勤求篇》),并指出仅靠暗诵《老子》五千文无法得道(《释滞篇》)。由此可以看出,对于作为神格来祀奉的老子以及念诵《老子》的民众性信仰,葛洪自身是有意与之拉开距离的。然而《抱朴子》中记载的各种道术与符文之中,却少有与老子、老君相关之物。葛洪在《抱朴子》中写道:"故老子之诀言云,子不得还丹金液,虚自苦耳。"(《金丹篇》)并以此作为他以炼制金丹为最高追求的依据。此处"老子之诀言"的内容当然不是出

---

[1] 葛玄乃葛洪之从祖,葛洪是葛玄之侄孙。

自《老子》，将与神仙方术相关的重要言论作为老子的言语来传播是当时的普遍现象。同时，《抱朴子》指出在各种危险中保护生命安全的符文均是各种神仙赐予老子之物（《遐览篇》）。该书还在《杂应篇》中写到了一种通过冥想神格化的老子之姿来修炼的道术。具体内容如下：

> 老君真形者，思之。姓李名聃，字伯阳。身长九尺，黄色，鸟喙，隆鼻，秀眉长五寸，耳长七寸。额有三理上下彻，足有八卦。以神龟为床，金楼玉堂，白银为阶。五色云为衣，重叠之冠，锋铤之剑，从黄童百二十人，左有十二青龙，右有二十六白虎，前有二十四朱雀，后有七十二玄武。前道十二穷奇，后从三十六辟邪，雷电在上，晃晃昱昱。

以下为老子的真形，需在心中想之念之。老子姓李，名聃，字伯阳。身高为九尺，身体为黄色，有鸟一样的喙，鼻子高，美丽的眉毛五寸长，耳朵七寸长。额头三根筋上下贯通，足上有八卦图案。他坐在神龟之上，居于金楼玉堂之中，台阶由白银做成。他以五色彩云为衣裳，头戴多重之冠，佩有利剑，身边有一百二十名黄童跟从。在他左边有十二尊青龙，右边有二十六尊白虎，前面是二十四尊朱雀，后边是七十二尊玄武。十二尊穷奇（异兽之名）是他的先导，三十六尊辟邪尾随他的身后。他的头顶电闪雷鸣。

《抱朴子》宣称，只要在心中想着"老君真形"直至能够看见他的身姿,就能延长寿命,心中变得如日月般光明,并且能预知所有事情。虽然边韶的《老子铭》中也写到老子有四灵(四神)跟随左右,但《抱朴子》中描述更为详细。由此我们可以得知,上文中描述的就是葛洪时代的神仙方术家们所认同的老子的形象。通过冥想描绘出这种形象是当时的一种道术。

老君像

4世纪下半叶,距《抱朴子》的完成大约过了半个世纪,在江南地区出现了上清派和灵宝派两支道教流派,他们各自著有许多道教经典。上清派所著的经典统称为《上清经》,灵宝派所著的经典统称为《灵宝经》。大量的道教经典问世,或许与佛教的刺激相关。2世纪下半叶以来,学者竭力进行着佛教的汉译工作,关注佛教之人也越来越多。面对这样的情况,道教有必要整备其教理、戒律、礼仪,将这些内容以道教经典的形式记录下来,成为有能力与佛教对抗的宗教。因此,道教积极地从佛教吸收了思想、礼仪方面的内容,并将其与中国自古以来的宗教观念相融合,巩固了自身的宗教基础。

自5世纪下半叶开始,道教也开始为本教的尊者立像,这在很大程度上也是受到了佛教的影响。《高僧传》等文献中屡屡可见在佛教传入初期,佛像与佛典一同传入中国的记载。可以推测,佛教能够在中国生根发芽,佛像也发挥了很大的作用。5世纪以后,龙门、云冈等石窟的开凿代表了中国佛教造像艺术达到鼎盛。依据道教的教理,神乃"气",原本就是无形之物。对于一般的民众而言,能够直接观察雕像更容易让人理解,于是道教也开始造像。道教尊者像被称为老君像、太上老君像、皇老君像、道像、道君像、天尊像、元始天尊像,等等。其中,老君、太上老君、皇老君是老子的神格化,道、道君是《老子》中"道"的神格化,天尊、元始天尊是宇宙起源时间被具象化后的神格化。

现存能够确定作成时间的道教像中,最早的是北魏太和二十年(496)的姚伯多造皇老君像碑。这座碑由姚伯多兄弟修造,并且其正面、背面、左侧、右侧四面均刻有碑文。现藏于陕西省耀县药王山博物馆中。姚伯多造皇老君像碑的建造年代虽然最为古老,但它却是现存的数十个六朝时代道教像中带给我们信息量最多的珍贵文物。请看石碑正面(碑阳)的拓本照片(图11),碑文上方刻有三尊像,皇老君应该居于中间位置。由于皇老君像并不多见,无法得知更加详细的情况,但此碑上的像,应是老君像一种变体。皇老君两边的侍者虽然脸和头冠是中国风,但手的姿势、全身体态的刻法却和佛像十分相似。

姚伯多造皇老君像碑的碑阳刻有二十三行铭文,记录了这座碑的建造经过和一些祈愿的话语。以下是这段碑文的开头部分(依照石碑原文换行)。

夫大道幽玄,以妙寄为宗,灵教□□,以虚□为旨。是以群方而功不在/□,生成万物,不以存私为称。故能苞罗六合而品

图 11 姚伯多造皇老君像碑（正面）拓本
《中国书道全集》第 2 卷 "魏晋南北朝"，平凡社，1986 年

类咸熙,纤介通微而感物不雕。经云,大道如昧而研之者明,至言若讷而寻/之者辨。故真文弥梵,非高何以可宗。李耳和生,非玄教无以合空。郁陵□/禅以致其真。当今世道教纷,群惑兹甚,假道乱真,群聚为媚。大道/清虚,唯真素为洁,练身克修,大道之本。

这段话涉及三件事,即"大道""生成万物"的伟大运作、阐述"大道"的李耳以及当今世人迷失了"真"。"经云,大道如昧而研之者明,至言若讷而寻之者辨"这句话应该源自《老子》第四十一章"明道若昧(真正的光明道路一眼看去却是昏暗)"和第四十五章"大辩若讷(真正的雄辩,却如口拙)"。

后续铭文中写道:"上为帝王,下为七祖眷属。"这说明姚伯多兄弟建造像碑是为了帝王和自家的祖先、眷属。这也同当时建造佛像的目的相同。从铭文的第十四行"其辞曰"起,是一段四字一句的韵文。其中"洸洸尹生""陈文五千"说的是《老子传》中关令尹喜拜托老子著书五千文字的事情,而"化治西域,流波东秦"是关于老子化胡说的记录。后面部分铭文内容未得完善保存,从"寿(通'受')身舍身"(指数次转世重生)、"苌(通'长')入天堂"(指永远地进入天堂)等片段式的话语中可见姚伯多兄弟的祈愿。

姚伯多兄弟的祈愿,以更加明确的形式刻在了石碑的右侧:"愿道民姚伯多三宗五祖、七世父母、前亡后死眷属,若在三徒,速得解脱,得远离囚徒幽执之苦,上升南宫神乡之土。若更下生，侯王为父。"其意为，如果七代以前的祖先、眷属身处地狱、饿鬼、畜生三恶道请速速脱身，就像被幽禁的囚犯从苦难之中解放出来那样；请上升至为了成为神仙而修炼肉体之地（南宫），进入神仙之列；如果再次转世降生到人间，请作为侯王之子降生。从中可以得知，六朝时代的道教在建构死者救济的思想时，将佛教的转生轮回、地狱的概念与神仙思想融合在了一起。这便是此铭文值得注意的价值。皇老君被赋予了能够应允姚伯多兄弟此类愿望的神格。

如上述所言，姚伯多造皇老君像碑的铭文在思想层面也包含重要内容。与它同时代的道教像铭文通常更短，并且大多直接套用佛像铭文的常用套话、术语。然而，姚伯多造皇老君像碑却是一个例外，在它的铭文中可以充分体会到老子的思想。

通过调查现存的道教像可以得知，道教造像大约始于5世纪到6世纪时期，当时老君像、太上老君像的数量多于天尊像、元始天尊像；到了隋唐时期天尊像、元始天尊像的数量超过了老君像、太上老君像的数量。随着《灵宝经》的陆续完成，以天尊、元始天尊为最高神的教理体系逐渐形成。六朝末期以后，这个体系在民众中也逐渐一般化。在经过整理的神灵体系中，老君、太上老君被排在了元尊、元始天尊的下一个等级。尽管如此，老君像的建造活动并没有完全停止。这大概是因为天尊、元始天尊显得略微抽象、严肃，让人感到难以靠近；相对而言，老君则显得更容易让人亲近。此处，列举一处隋朝时期的老君像。根据石像的铭文记载，这座老君像是开皇三年（583），一名叫作王双姿的

图 12　清信女王双姿造老君像（弗利尔美术馆藏）。松原三郎《中国佛教雕刻史论·图版编 3》，吉川弘文馆，1995 年，863a

清信女（在家信奉道教的女性）为了追悼亡夫所建。（图 12）

被当作圣典的《老子》

接着，我们来看《老子》以何种形式被尊为道教中的圣典？前文中曾提到，东汉末年的五斗米道将信徒学习《老子》五千文定为教里的义务。可见在道教形成的开端，《老子》已经在道教集团中被奉为圣典。

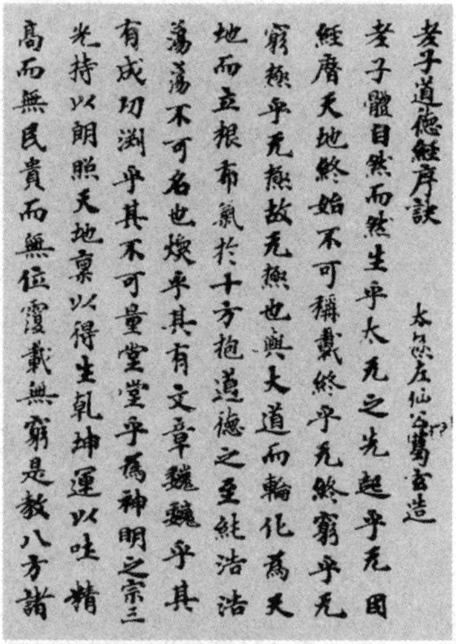
老子道德經序訣
太極左仙公葛玄造
老子體自然而然生乎太无之先起乎无因
經歷天地終始不可稱載終乎无終窮乎无
窮極乎无極故无極也與大道而輪化爲天
地而立根布氣於十方抱道德之至純浩浩
蕩蕩不可名也煥乎其有文章巍巍乎其
有成功淵乎其不可量堂堂乎爲神明之宗三
光持以朗照天地稟以得生乾坤運以吐精
高而無民貴而無位覆載無窮是教八方諸

图 13　敦煌写本《老子道德经序诀》（斯坦因第 75 号）。大渊忍尔《敦煌道经 · 图录编》第 509 页

六朝下半叶即 5—6 世纪以后，据说在道教集团中诵读被视为圣典的《老子》需要遵循一定的仪式化步骤。在文献中可见相关记载。

敦煌写本中有一篇名为《老子道德经序诀》的文章。文中的部分内容因与《老子》河上公注本开篇的“老子道德经序”内容相同而早已被人们熟知。然而整体的内容在敦煌写本被发现以后，终于得见全貌。《老子道德经序诀》的作者被记为太极左仙公葛玄。葛玄是《抱朴子》作者葛洪的从祖父，也是三国时代著名的方术之士。然而，《老子道德经序诀》只是假托葛玄之名，其真正的作者应该是 5 世纪左右《灵宝经》的创作之人。

《老子道德经序诀》首先阐述了神格化的老子以及《老子道

德经》所具有的超凡力量。前文曾提到,早在东汉时期已经可见老子的神秘化。《老子道德经序诀》写到"老子体自然而然,生乎太无之先,起乎无因"。老子即为"自然",产生于"无因",即超越了因果。这是个值得注意的观点。《老子》中也能看到对"自然"的强调。正如文中所说那样"夫五千文宣道德之源,大无不苞,细无不入,天人之自然经也",《老子道德经》乃是"自然之经"。"自然之经",其意为不借助任何力量,自然而然出现的经典。

《老子道德经序诀》如此强调老子和《老子道德经》的"自然",实际上有着针对佛教的背景因素。自佛教传到中国,一方面,随着岁月的流逝人们对佛教的理解也逐渐加深;另一方面,在佛教的刺激下道教教理也逐渐整理成形。于是,人们逐渐注意到道教与佛教在思想上的不同之处。此时,最受关注的便是"自然"与"因果"的问题。"因果"的相关教诲,即因果报应、轮回转生等佛教思想实际上被道教所吸收,成为道教教理中的重要因素。然而在佛教与道教发生争论时,道教阐述"自然"的相关教诲,而佛教则阐述"因果"的相关教诲。因此,《老子道德经序诀》才会说老子和《老子道德经》即为"自然",并且超越了"因果"。

《老子道德经序诀》中阐明了诵读《老子道德经》的功德:"此文道之祖宗也。诵味万遍,夷心注玄者,皆必升仙。"又接着写道:"尤尊是书,日夕朝拜,朝拜愿念,具如灵宝法矣。"《老子变化经》要求唱诵《老子》五千文一万遍以上与乱世之中希望得到救世主老子帮助的强烈愿望相关。《老子道德经序诀》中的唱诵要求变得更加稳妥，符合日常生活中的信仰形式。

《老子道德经序诀》的最后，有一段"太极隐诀"，即太上真人徐来勒传授给葛仙公（葛玄）的秘诀。这段秘诀记载了供奉被当作圣典的《老子道德经》时需要遵循的仪式化步骤。其内容如下：

先烧香整服，礼十拜，心存玄中大法师老子河上真人尹先生，因开经蕴，咒曰，玄玄至道宗……世为道德门。毕，叩齿卅六通，咽液卅六过。先心存左青龙、右白虎、前朱雀、后玄武，足下八卦神龟，卅六师子伏在前。头巾七星，五藏生五炁，罗文覆身上。三一侍经，各从千乘万骑，天地各有万八千玉童玉女卫之。口诀：读经五百言，辄叩齿三，咽液三也。

首先烧香整理服装，行礼拜十次，心中念想着身为玄中大法师的老子、河上真人和尹先生。之后打开藏经箱，唱诵咒文："玄玄至道宗……世为道德门。"唱诵完毕后，叩齿三十六次，咽唾液三十六次。在心中描绘以下画面：（玄中大法师老子）左边有青龙，右边有白虎，前面有朱雀，后面有玄武相随，足下有八卦图案的神龟，三十六头狮子伏卧在他身前。老子头上围绕着北斗七星，五脏生出五色之气，身着罗纹薄衣。三一之神在他身旁侍经，各自率领着千乘万骑。天和地各有一万八千名玉童玉女护卫。唱诵口诀：每诵读《老子道德经》五百言时，需叩齿三回，咽唾液三回。

这段隐诀中的玄中大法师是老子的尊号，河上真人是河上公神秘化的称谓，尹先生则是指尹喜。唱诵经文时，需要先集中意念想象与《老子道德经》相关人物的身形，念诵五言一句的咒文，在进行了叩齿、咽唾液等道术动作后，再在心中描绘老子以及守护《老子道德经》的众神的样子，最后才能诵读《老子》。在诵读时，也不能一口气读完全文，每读五百字，需要再次叩齿和咽唾液。由此可知，当时的道教对诵读《老子》的仪式程序做出了非常细微的规定。

大概在5世纪左右，道教集团规定要以这样的仪式化方式来诵读《老子》。然而，被仪式化的并不仅仅是《老子》，前文已经提到"具如灵宝法矣"，可见《灵宝经》如《老子》般同样受到尊重。随着时间的推移，道教经典逐渐被分类整理成"三洞四辅"。其中《老子》的地位远在《上清经》和《灵宝经》之下，它被定位于适合刚开始信奉道教之人的入门书籍。这与老君、太上老君被排在了元尊、元始天尊的下一个等级的道理相同。然而，正因为是入门类书籍，才会被更多的人接触和亲近。

《老子道德经》的传授

被当作圣典诵读的《老子》是哪一种文本呢？那是一种刚好五千字的文本（话虽如此，实际上却不知何故少了一字，仅有4999字）。敦煌写本中，有几部只有正文没有注释的《老子》残卷，这些版

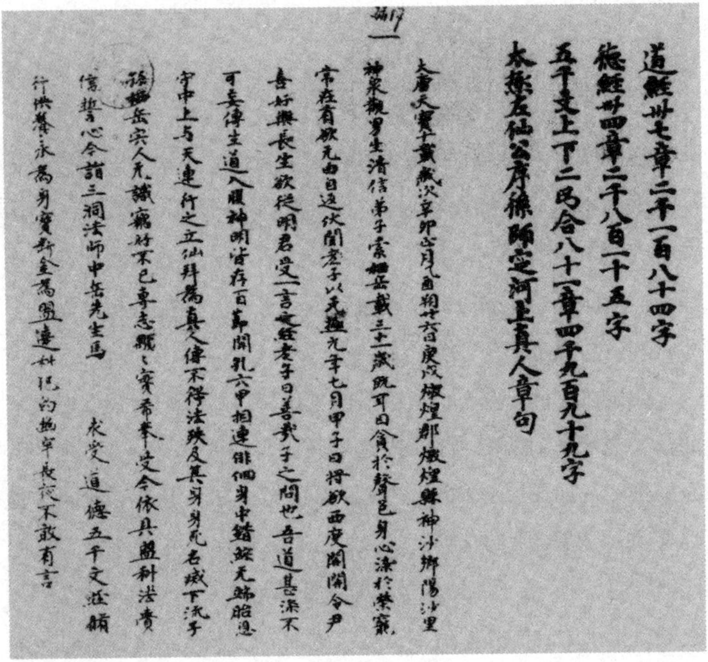
2417

道經卅七章二千一百八十四字
德經卌四章二千八百一十五字
五千文上下二卷合八十一章四千九百九十九字
太極左仙公序係師定河上真人章句

大唐天寶十載歲次辛卯正月乙酉朔廿六日庚戌燉煌郡燉煌縣神沙鄉陽沙里
神泉觀男生清信弟子索栖岳載三十一歲既可曰貪於聲色身心染於榮寵
常在有欲无由自返伏聞老子以无極元年七月甲子日授西度關關令尹
喜好樂長生欲從明君受一言受經老子曰善哉子之問也吾道甚深不
可妄傳生道入眼神明皆存百節關孔六甲相連徘徊身中錯綜无端胎息
守中上与天連行之立仙拜為真人律不得法殃及其身身死名滅下流子
孫栖岳宍人无識竊好不已專志默默實希奉受今依具盟科法賫
信誓心今詣三洞法師中岳先生馬　求受道德五千文遊補
行供養永為身寶於今為盟違科犯約幽牢長夜不敢有言

图 14　敦煌写本“道德经盟文”（伯希和第 2417 号）
大渊忍尔《敦煌道经 · 图录编》第 410 页

本大多是正文五千字（恕笔者赘言，实际上只有 4999 字）。在上卷“道经”的正文开始之前，附有《老子道德经序诀》。这类写本，被称为五千字本老子；因为《老子道德经序诀》的作者假托葛玄之名，故此类写本又被称为葛本。《老子》屡屡被称为“老子五千言”，但“五千”只是一个概数，虽然版本不同字数也会有些许不同，但实际上《老子》文本的字数应该是五千几百字。五千字本（葛本）是删除一些无实意的助字得来的形式。将文本删为五千字的最大理由，恐怕是为了使其符合圣典的定位。上一节的"太极隐诀"中所记载的每读五百言就叩齿、咽唾液等仪式，大概也需要诵读五千字的文本才能进行。

在敦煌发现的老子五千字本（葛本）的写本中，有几部在书的末尾附有后记。在后记以后，有的还记录了道教集团中师父将《老子道德经》传授给弟子时的盟约誓词。现在我们一起来看敦煌写本伯希和第2417号的"道德经盟文"。

如图，首先是如下四行后记：

道经卅七章二千一百八十四字
德经卌四章二千八百一十五字
五千文上下二卷合八十一章四千九百九十九字
太极左仙公序系师定河上真人章句

前三行说明了《老子》的上卷"道经"共三十七章，字数合计2184字；下卷"德经"共四十四章，字数合计2815字；上下两卷共八十一章，字数合计4999字。最后一行"太极左仙公序"即是指太极左仙公葛玄所写的《老子道德经序诀》。"系师定"中的"系师"是指五斗米道（天师道）的张鲁，也就是说此五千字本《老子》的正文由张鲁所定。"河上真人章句"是指河上真人（河上公）以分章断句的形式解释《老子》。虽然无法判断五千字本《老子》是否真由张鲁删定而成，至少在道教集团的内部这个说法被传承了下来。

伯希和第 2417 号写本中后记以后的小字具体如下:

大唐天宝十载岁次辛卯正月乙酉朔廿六日庚戌,敦煌郡敦煌县神沙乡阳沙里/神泉观男生清信弟子索栖岳,载三十一岁。既耳目贪于声色、身心染于荣宠、/常在有欲,无由自返。伏闻老子以无极元年七月甲子日将欲西度关,关令尹/喜好乐长生,欲从明君受一言之经。老子曰:"善哉,子之问也。吾道甚深、不/可妄传。生道入腹,神明皆存,百节关孔,六甲相连,徘徊身中,错综无端。胎息/守中,上与天连。行之立仙、拜为真人。传不得法,殃及其身,身死名灭,下流子/孙。"栖岳肉人无识,窃好不已,专志颗颗,实希奉受。今依具盟科法,赍信誓心。今诣三洞法师中岳先生马游岳,求受道德五千文经。修/行供养,永为身宝。断金为盟,违科犯约,幽牢长夜,不敢有言。

大唐天宝十载(751)辛卯正月二十六日庚戌,敦煌郡敦煌县神沙乡阳沙里的神泉观中有一名叫作索栖岳的男性清信弟子,年龄是三十一岁。他立下了这样的誓约:

我的耳目贪恋美丽的声色,身心被荣耀和恩宠所侵染,总是身处欲望的世界,自己无法回到原本清明的世界。我曾听说这样一件事情。老子在无极(道教使用的架空年号)元年七月甲子之日想要通过西方的关所时遇到了关所的役人尹喜。尹喜祈愿长生,希望明君老子能够对他点拨一二。老子说:"你提了一个好问题。我的道极度深奥,因此不能随意地传授于人。生之道一旦进入腹，众神就会存在于身体的百节关孔之中，六甲众神相连，在身体里错综徘徊，无止无休。使用胎息之法守住其中，便能与天相连。若能达到这种境界立刻就能列入仙班，拜为真人。如果传授于人的方法不得当，灾难就会降临到他的身上，即是身死名灭，灾难也会传给子孙后代。"我，栖岳，是一个被污染的俗人也是一名无学之徒，然而却无法抑制地暗暗喜欢上道教。我一心仰慕道教，迫切地冀望能够被恩赐道教的教诲。现在，我依照所有的盟约规则，带着诚信（立誓的品格）用心发誓。现在，我来到三洞法师中岳先生马游岳门下，请求传授我道德五千文经。我会依此经修行并且供养此经，永远将其尊为珍宝。我定会坚守此盟约，若违此誓言，便让我幽闭于地狱的黑暗之中，不敢有任何怨言。

这是所属于敦煌道观神泉观的一名在家信教的男性信徒索栖岳，从其师三洞法师中岳先生马游岳处获得《老子道德经》传授时所立下的盟文。事实上，传授《老子道德经》时所写的盟文是有模板的。此模板记载于六朝末期编纂的道教类书《无上秘要》之中（《无上秘要》卷三十七《授道德五千文仪品》）。索栖岳的盟文也是依照模板所写。在敦煌写本中还找到了几篇类似的盟文。这说明在唐朝的道教信徒之间，《老子道德经》是以固定的仪式被传授的。

在上述盟文中老子所说的体内神以及胎息这种呼吸方法，与河上公注中意图将《老子》的文本与养生术相结合的注释方法相关。前文已经提到，河上公注在唐朝被视为半公认的老子注。从这篇盟文中可以看出，唐王室对老子、道教的尊崇政策已经影响到远离都城长安的敦煌之地。

当然，《老子》这部著作并不仅仅属于道教信徒。即使是在唐朝，就像前文中介绍的玄宗御注那样，有许多注释并不是写于道教的立场，而是在吸收了魏晋玄学以及中国佛学的哲学立场上写成的。《老子》在漫长的历史长河中，被各种各样的方式解读。把《老子》视为圣典，通过唱诵以祈求长生不老和幸福的这种民众性、道教性的解读方式，只是解读方法多样化中的一种极致。

以上是本书第一部分的内容。从《老子》诞生之谜开始，在探讨《老子》如何被解读这个问题的同时，介绍了王弼注、河上公注等《老子》主要注释书的特征。接着从佛教和道教两个方面讨论了书籍《老子》以及被神秘化、神格化的老子对中国宗教思想的发展带来的重大影响。

《老子》虽然只是一部仅有五千余字的短小著作，却被解读为形而上学之书，或是探讨人生的著作，甚至还被尊奉为道教的圣典。这部被众人阅读的书籍究竟是什么内容呢？本书的第二部分将细细地读解《老子》的正文内容。

第二部分

畅游作品世界

《老子》的话语——『道』之教诲

第五章 | 始于"道"

"道可道,非常道"(《老子》第一章)

《史记·老子传》记载,在关令尹喜的殷切恳求之下,老子"著书上下篇,言道德之意五千余言而去"。正如此话所言,《老子》是阐述"道"与"德"之意的书籍,故而被称为《老子道德经》。

然而《老子》阐述的"道"和"德",并非我们通常联想到的"道"和"德",它们有着自身独特的含义。那么,《老子》中的"道"和"德"究竟是指的什么?让我们结合《老子》的正文来看这个问题。

首先,《老子》开篇第一章是从"道"这个字开始的。第一章全文如下:

道可道,非常道。
名可名,非常名。
无名,天地之始。
有名,万物之母。

故常无欲以观其妙,
常有欲以观其徼。
此两者,同出而异名,同谓之玄。
玄之又玄,众妙之门。

《老子》的行文十分流畅。《老子》分为上篇三十七章,下篇四十四章,合为八十一章,每章均短。在这些短小的话语中,使用了对句、押韵、顶真等多种修辞方式,由此酝酿出了独特的旋律感。第一章就能充分地展示《老子》文本里的这些特征。即是使用日语训读[1]的方式也能体会到这种律感。

原文中可以一目了然地看到第一句和第二句、第三句和第四句、第五句和第六句形成了对句。关于《老子》的押韵,研究中国古代汉语的学者已经有了诸多的研究成果。研究成果指出,第一章标示○和△的字,即"道"和"道"、"名"和"名"、"始"和"母"、"妙"和"徼"、"玄"和"门"押韵。第一章中还用到了顶真这种修辞手法。第七句的最后一字为"玄",第八句的首字也是"玄"。总之,第一章使用了多种表现手法,全章形式整齐且富有韵律。

在《老子》的第一章中,除去第六句的"徼"(意为"明亮的")字以外,并没有使用特别生僻的字。然而,本章的内容并不简单。毕竟,开篇论述的内容与老子思想的根本——"道"相关,《老子》的注释者们冥思苦想、斟词酌句地进行注解。本书第一

---

[1] 训读,即日语中的"訓読"(くんどく)。是指汉籍传入日本以来,不会汉语的日本人按照日语的古典文法以及一定的规则读解汉诗文的方式。另外,"训读"一词还可读作"くんよみ"。它与音读(おんよみ)相对,是指以日本固有的语音读汉字。与本书此处的"训读"是两个不同概念的词语。——译注

部分里写到的王弼注、河上公注、玄宗御注都有这种特征。以下，是我自己对本章内容的理解。

> 能够被称为"道"的"道"，并非恒古不变的真正的"道"。
> 能够被称为"名"的"名"，并非恒古不变的真正的"名"。
> 在天地出现的开端，并没有"名"。
> 在作为万物之母的天地出现以后，才有了"名"。
> 因此，人如果能总是处于无欲的状态，就能看到那个深远微妙的根源世界；如果总是持有欲望，就只能看到那种明亮的现象世界。
> 两者（根源世界和现象世界）出自同一事物，只是各自的"名"不相同。同一事物是指的"玄"——昏暗且难以看见的深奥神秘。
> 在深奥神秘的更幽深之处，是一切深远微妙的行为产生的大门。

《老子》的第一章，用打破世间常识的言辞开始论述"道"。世间能够被称为"道"的"道"——例如，儒家阐述的人伦道德等——并非真正的"道"。这就如同人世间的"名"（语言、概念）在天地开辟以前的元始时间，在根源世界里是并不存在的概念。老子否定了符合世间常识"道"，将目光投向了元始时间、根源世界。接着他又说，若想清楚地凝视那个世界，就必须脱离欲望，保持无心的状态。老子所思考的"道"潜藏在天地出现的"玄之又玄"之内，一切万物必须通过的"众妙之门"之中。

宇宙生成与"道"的运动（《老子》第二十五章、第四十二章、第四章）

从《老子》的第一章中我们可以得知，老子关注的是与他的"道"相关的天地开辟以前的时间、根源时间。老子使用的"道"这个字，并不是已有的现象世界、人类世界的道德之"道"，而是现象世界、人类世界形成以前的根源世界的"道"。也就是说，老子在论述宇宙生成时，使用了"道"这个字。在其他章节中也可以看到他关于宇宙如何生成的论述。相关内容分散在第二十五章、第四十二章和第四章。

首先，先来看第二十五章。

有物混成，先天地生。寂兮寥兮，独立不改，周行而不殆，可以为天地母，吾不知其名。字之曰道，强为之名曰大。大曰逝，逝曰远，远曰反。

故道大，天大，地大，王亦大。域中有四大，而王居其一焉。人法地，地法天，天法道，道法自然。

在此章中老子将目光投向了天地出现之前已经存在的某种事物，描述了孕育出天下万物的伟大运作方式。这段话的大意如下。

有一物体混沌而成，在天地之前已经存在。它安静无声，虚空无形，不依赖外物而独立生存，永不改变，循环运行，永不懈怠。虽然不知它的真实名字，但可以说它是天下万物之母吧。我给它取名为"道"，又勉强地称它为"大"。因为它很大，所以运行至相反的方向。因为它向相反的方向运行，所以扩展到远方。因为扩展至远方，所以又回归到最初的起点。

因此，道大，故天大，地也大，王也大。这个世界存在四个"大"，王也占其一。人效法地，地效法天，天效法"道"，"道"效法"自然"。

老子将存在于天地之前、孕育出万物之物姑且称为"道"。它所生出的万物存在于哪儿，"道"就扩展到那儿。进入万物之中的"道"，随着万物扩展到所有地方。然而"道"并不仅仅是扩展，它必定会回归到最初的地方。

此章"大曰逝，逝曰远，远曰反"一句，使用了顶真的修辞手法。从"大"到"逝"，从"逝"到"远"的过程容易理解，从"远"到"反"的运行方式就出人意料了。孔子看着河水的流动感到时光易逝时曾叹息："逝者如斯夫，不舍昼夜。"(《论语·子罕篇》)可见，"逝"字包含着一去不复返的语感。从"远"到"逝"之物最后再回来，从一般的情况来看这是一种绝不会发生的悖论。这种让人惊奇的悖论式的表现方法正是老子的得意之处。《老子》第一章中的"道可道,非常道"也是这种表现方式。让人惊奇,引人思考究竟其所言为何?这便是《老子》一书的有趣之处。

作为天地万物之母的"道",随着万物扩展到远处。但它却不会一去不返,而是还会再同万物一起回到最初的起点。老子将"道"视为同时拥有"逝"(离去)和"反"(回来)两个对立方向的事物。这是老子思想的一个重要观点。

在第二十五章的最后,还有一处顶真手法的运用。即"人法地,地法天,天法道,道法自然"。"人"("王"是人的世界的代表)效法"地","地"效法"天","天"效法"道","人""地""天"各自以自己上一层概念之物为范本,遵从其应有的状态。最后的"道法自然",并不是说"自然"是"道"的上一层概念,而是说"自然"就是"道"的应有状态。因为"自然"是"道"的理想状态,那么以"道"为范本的"天",以"天"为范本的"地",以"地"为范本的"人"("王"),最终都是以自然为标准。所以说"道""天""地""王"是四个大物("四大")。

再来看第四十二章。

道生一,一生二,二生三,三生万物。万物负阴而抱阳,冲气以为和。

人之所恶,唯孤寡不榖,而王公以为称。故物或损之而益,或益之而损。

人之所教，我亦教之。强梁者不得其死。吾将以为教父。

此章分为三段，第一段是以"道"为出发点，论述万物生成的顺序。第二段以王公的称谓为例，说明谦逊的美德。第三段则是论述避却刚强，以柔弱而生的重要性。三段之间的相互关联并不容易理解。如果硬要说它们有关联，那么只能说第一段是关于"道"的生成论，第二段和第三段是在解释基于"道"的生存方式。然而，此章内容上的唐突之感却是难以否定的。其实，像这种同一章节里前后文关联不大的情况在《老子》中还有多处。此处，我想关注的是本章的第一段。其大意如下。

"道"生出了"一"（一气），"一"生出了两种事物（阴阳二气），两种事物生出了三种事物（阴阳二气与中和之气），三种事物生出了世间万物。万物背负着阴气，怀抱着阳气，因为中和之气保持着调和的状态。

这段话阐述的是一个从"道"——"一"——"二"——"三"——"万物"的简洁的生成论。其中交织着阴阳、"气"、中和思想等中国基本思想的重要观点。其中，略微难懂的是"道生一"的过程。"一"在《老子》的其他章节中与"道"的意思相同。如"载营魄抱一，能无离乎"（第十章），"是以圣人抱一为天下式"（第二十二章），"昔之得一者，天得一以清，地得一以宁，神得一以灵"（第三十九章），等等。然而，这里说"道生一"，那就不能够说"道"与"一"的含义相同,而应该认为"一"是"二"(即阴阳二气,也可称为天地)分开之前浑然一气的状态。以"道"为出发点,经过"一""二""三"三个阶段孕育而生的"万物"在各自体内也包含了孕育出自己的要素,并保持了作为一种存在的调和状态。老子看"万物"时也凝视着"万物"根源的"道"。当然,每一个人也是万物之一。老子认为"万物"得以存在于安定调和的状态的原因是"道"的作用。"道"的运动,大到没有限制。

如果"道"正如老子所说那样生出了"万物",那么它究竟是所谓的宇宙创生神?还是一种人格神性质的存在呢?这是一个问题。关于这个问题,在《老子》的第四章中有相关论述,引述如下。

　　道冲,而用之或不盈。渊兮似万物之宗。挫其锐,解其纷,和其光,同其尘。湛兮似或存。吾不知谁之子,象帝之先。

"和光同尘"一词,便是出自此章中的"挫其锐,解其纷,和其光,同其尘"四句。这四句话还可见于《老子》第五十六章"塞其兑,闭其门,挫其锐,解其纷,和其光,同其尘。是谓玄同"。大概是因为这句话是当时人们熟知的格言,因此被穿插到了意在说明"道"的"渊兮似万物之宗"和"湛兮似或存"之间。"兮"是调节章句的文言助词,常见于《楚辞》等南方系作品。在之前提到过的第二十五章"寂兮寥兮"一句中也有"兮"字,可见这个字在《老子》中出现频率很高。这成了说明《老子》并非成书于黄河流域而是在南方地域写成的一个根据。

第四章的最后的"帝"字，显示出人格神性质的存在。笔者将整段翻译如下。

"道"如同空虚的器皿那样，不管注入多少也无法注满一杯。它又像深渊那样，是生出万物的根本。挫败万物的锐气，解决万物的纠纷，缓和万物的光耀，同化万物的尘世。如蓄满的深水恒常存在。我不知它是谁之子，但好像在天帝以前就已经存在了。

老子说，如同深渊般深不见底、无限大的"道"，好像是先于"帝"的存在。"帝"，又被称为"上帝"，在殷代已经出现。它本意为在天上世界组建"帝庭"，并管理着地上世界气候与国王政治的至上神。"帝"在王弼注、河上公注中被解释为"天帝"。"天帝"一词产生于战国时代，是民间崇拜中的天之神，与殷代的"帝"同样具有强烈的人格神性格。老子认为，与这类天之神相比，"道"是更加根源性的存在。这与《庄子·大宗师》中的"（夫道……）神鬼神帝（道给予了鬼、帝神秘的、宗教性的力量）"所说的道理相同。一般人大多认为创造万物、控制万物的是"帝"或"天帝"。然而"道"不仅先于"帝""天帝"，正是"道"的运作才赋予了"帝""天帝"神秘性和宗教性。可见，正如老子在第二十五章中提到的"道法自然"那样，"道"即是"自然"

本身，而非"帝""天帝"等带有人格性质的神。

"道"与"德"（《老子》第五十一章）

前面我们讨论的是《老子》的"道"，那么老子是怎么论述"德"的呢？下面是第五十一章的内容。

道生之，德畜之，物形之，器成之。是以万物，莫不尊道而贵德。道之尊，德之贵，夫莫之命，而常自然。
故道生之，德畜之，长之育之，亭之毒之，养之覆之。生而不有，为而不恃，长而不宰，是谓玄德。

"道"生出万物，"德"培养万物，万物显示出各自的形态，完成各自的作用。因此，万物均尊崇和珍重"道"和"德"。尊"道"贵"德"并非谁的命令，而万物却总是自然而为之。

所以，"道"生出万物，"德"培养万物，使万物生长发育，使万物安定充实并给予抚养和庇护。生出万物而不占为己有，培养万物而不自夸，使万物生长而不主宰，这就叫"玄德"（玄妙之德）。

此章开头"器成之"中的"器"字，在此处引用的底本中原本是写作"势"字。如果写成"势成之"，其意为"完成万物内在的势气"，那么这句话就显得难以理解。因此，笔者根据长沙马王堆汉墓出土的帛书甲本、乙本在此将"势"字改为"器"字。此章最后一句"生而不有，为而不恃，长而不宰，是谓玄德"也可见于第十章，其中"生而不有，为而不恃"在第二章也能找到。上一节中提到"和光同尘"的出典句也是类似的情况，即《老子》中有不少相同的句子出现在不同的章节。同样的句子反复出现必然会加深读者的印象。此章节中的这句话意在说明"道"和"德"的性质，也同样留给了人深刻的印象。《老子》的作者是否在编纂过程中就考虑到这种效果了呢？

第五十一章中"道生之，德畜之"，意在说明"德"的功用是培养由"道"产生出的万物。老子将"德"放置在辅助"道"的造化工作的位置，抑或说"德"就是"道"的造化工作的一部分。万物的生成是接受了"道"的运作，而"德"养育着万物。因为"道"和"德"，万物才能在各自独立的状态中保持安定并渐渐地充实。从万物的视角来看，"道"和"德"是孕育出自己并给予守护的存在，万物自然而然地对"道"和"德"充满了尊崇的心情。然而，"道"和"德"并不夸耀自己伟大运作的功绩，也不将万物当作自己的所有物而进行支配。在第一部分第四章中已经指出，老子的"道"没有主宰万物的人格神那样的性格，它只是让万物以各自真实的状态存在。

综上所述，第五十一章将"道"和"德"并列在一起来阐述造化的工作。"道生之，德畜之"这种写法带有二元论性质，即这句话可以理解为：如果说"道"是世界形成之前的根源世界之物，是万物和现象在根源处的本体；那么与之相对的"德"则是

"道"对存在于世界上有形的万物产生的作用。然而将"德"视为"道"原有的一部分,"德"是"道"之"德",即万物的产生、培育、守护等一系列行为均包含在了"道"的运作之中,这种看法也是成立的。第三十四章的"大道泛兮,其可左右。万物恃之以生而不辞。功成而不有。衣养万物而不为主"说的就是这个道理。因此,可以将第五十一章最后"生而不有,为而不恃,长而不宰"一句的主语当作是"道"。而"道"这种"生而不有,为而不恃,长而不宰"的理想状态被称为"玄德"(玄妙之德)。

虽然第五十一章的"德"用在了生成论的语境中,然而在《老子》一书中,"德"字也用于人之"德",不过和儒教论述的人伦道德却是有些许不同含义。因为老子所说的"德"与宇宙生成论中的"道"密切相关,因此他将能够领会或者遵守"道"的人,称为有"德"之人。

那么领会"道"、遵守"道"的具体表现是什么呢?让我们进入下一个问题。

第六章 | 回归根源之"道"

显于冥想之中的"道"（《老子》第十四章、第二十一章）

《老子》的第十四章和第二十一章试图摸索着靠近难以把握的"道"。这两章在《老子》全书中也尤其具有神秘性色彩。《老子》阐释的"道"并非单纯的理论性思索的结果，有的人认为"道"的论述也基于老子自身的神秘性体验。支撑这种观点的主要依据就是第十四章和第二十一章。

首先来看第十四章。

视之不见，名曰夷。听之不闻，名曰希。搏之不得，名曰微。此三者不可致诘，故混而为一。

其上不皦，其下不昧。绳绳不可名，复归于无物。是谓无状之状，无物之象，是谓惚恍。

迎之不见其首，随之不见其后。执古之道，以御今之有。能知古始，是谓道纪。

努力去看却看不见任何事物，故称之为"夷"（平坦光滑、无变化之物);努力去听却什么也听不到,故称之为"希"(微弱之物);想要触碰却碰不到,故称之为"微"(微小之物)。这三者无法再追究,因为它们原本就浑然而为一。

它的上面既不显得光明亮堂,它的下面也不显得阴暗晦涩。茫然无尽,无法命名,结果返回到空无的状态。这就是"没有形状的状","没有物像的象",这就是"惚恍"。

想要从前方迎接它,却看不见它的头,想要在后方跟着它,也看不见它的背影。牢牢地握着自古以来的"道",来统御当下眼前存在的万物。能认识宇宙的初始,就称为"道"的关键。

此章中,老子穷尽视觉、听觉、触觉想要领悟"道"。不管他如何努力,"道"也没有给出任何线索。这种状态用"夷""希""微"三个押韵的字表示。使用人的视觉、听觉、触觉,试图从各个角度接近"道",最终却无所得。老子认为其原因在于三者本就浑然为一物。它们没有上下之区别,处于茫然之中,最后"复归于无物"。老子又换言称其为"无状之状""无物之象",其表现为"惚恍"。"无状之状""无物之象"是指超越人理解范围中的"状"和"象"。

老子为了说明"道",常常使用"无"字。第一章的"无名"如此,此章中的"无状""无物"亦是如此。此外还有"无为"(第三十七章)、"无欲"(第三十四章)、"无极"(第二十八章)、"无味"(第三十五章)等。此外,老子在说明悟"道"之人的理想状态时,使用了"无为"(第二章、第三章、第四十三章、第四十八章、第五十七章、第六十三章)、"无私"(第七章)、"无事"(第四十八章、第五十七章、第六十三章)等词。老子的"无"字多用于否定其后那个字所代表的事物或行为，否定以后，原本的事物或行为能够到达更高一个维度。被人们所熟知的"无为而无不为"(第三十七章、第四十八章)一词就是这样的例子。"无状之状""无物之象"所言的就是超越人世间"状"与"象"的更高维度的"状"与"象"。那是模糊不清、无法捕捉("惚恍")之物。

模糊不清、无法捕捉的"道"不管在其前方还是在其后方都琢磨不定。但如果牢牢地把握住了"古之道"，就能统御整个"今"的世界，因为"道"是超越时间流逝的永恒不变之物。第十四章的最后将其总结为"能知古始，是谓道纪"。"道"既属于宇宙初始的时间，又超越了那个时间成为了属于"今"的时间，它支撑着存在于"今"的万物。

接着我们来看第二十一章。这章与第一章一样，行文整齐。为了让整章内容一目了然，故整理如下。

孔德之容，惟道是从。
道之为物，惟恍惟惚。
惚兮恍兮，其中有象。
恍兮惚兮，其中有物。
窈兮冥兮，其中有精。
其精甚真，其中有信。

自古及今,其名不去,以阅众甫。

吾何以知众甫之然哉,以此。

具有大德之人的身影,只会一心跟随着"道"。

"道"这个东西,实在是模糊不清无法捕捉。

它是那样的恍恍惚惚,其中却有形象。

它是那样的惚惚恍恍,其中却存在实物。

它是那样的深远、幽暗,其中却存在精气。

这精气无比真实,这精气可以信验。

从古至今,被称为"道"的名字永远不会消失,并用以总括万物的初始。

我是如何得以知道万物开始的情况呢?是通过上述事情(对"道"凝神思索)知道的。

此章始于"孔德"(大德)一词。具有大德之人的身影一心跟随着"道",说的也是老子阐述的"德"与"道"密不可分。具备大德之人想要追随的"道"是怎样的呢?此章试图通过凝神思索来把握"道"的状态。

作为试图把握"道"的状态的章节,此章采用了形式整齐的具有诗歌性质的表达方式。"惟恍惟惚""惚兮恍兮""恍兮惚兮"等句是对第十四章中的"惚恍"一词进行分解、重组顺序后的反复使用。反复的表现方式更加深了"道"捉摸不定、存在于朦胧世界的印象。例句中助词"兮"也被反复使用,并且通过"兮"字,使得例句与后面的"窈兮冥兮"相承接。与这些句子对应的下句,

"其中有……"的句式反复出现了四次。像这种同一词反复出现,并通过每句逐渐发生细微变化构成的章节,朗读起来就像咒语一样给人带来不可思议的感觉。

在由这种不可思议气氛所引导的行进中出现了"道"的模样。在模糊不定的"恍惚"之处,存在着实物;在幽暗的"窈冥"世界,潜藏着精气(能量)。老子认为这就作为所有万物开端的"道"。"道"从古至今从未消失、始终存在,它总括了所有事物的开端。这里可以看到"自古及今"这句话。无论是之前的第十四章还是现在的第二十一章都在试图摸索"道"的模样,有趣的是这两章的文末都出现了"古""今"对照的句子。两章中的"古""今"对照具有两层含义。第一层含义当然是指"道"超越了从古到今的时间,从起源之时起永远不会改变。第二层含义是,"今"字指代的"今"即"现在"这个时间点,使人想到此时此刻正在对"道"凝神思索并试图把握住"道"的模样的人。在第二十一章的最后,"吾"登场出现,自信满满的口吻给人留下了深刻的印象。另外,章末的"众甫之然"一句中的"然"字在此处引用的底本中本来写作"状"字,笔者根据其他版本改成了"然"字。马王堆甲本、乙本中也是"然"字。

很多欧美学者通过解读《老子》中对"道"的叙述,来研究老子的神秘主义思想,例如马伯乐(Henri Maspero)、亚瑟·威利以及康德谟等。小川环树在译注作品《老子》(中公文库,1973)中也认为"作为冥想者的他可以想象",并且还指出《老子》的第十四章和第二十一章尤其试图将那个境地(笔者注:根据神秘性的体验到达的境地）告诉给人们。金谷治在《老子——无知无欲的劝导》（讲谈社学术文库，1997）表达了对上述意见的赞同。笔者也认为从这两章的内容和写法上看，这种可能性是存在的。《老子》中不时有第一人称的"吾"登场，第二十一章也是其中一例。《老子》中的"吾（我）"有时自信满满地阐述观点，有时又因为自己的观点不被世人所接受而发牢骚、叹息。《老子》中"吾"的登场，仿佛直接向读者讲述那般，使这本书一下子变得亲切起来。第二十一章最后那句中"吾"的出现，可以理解为老子亲自对读者讲述自己的冥想体验。

复归于"道"（《老子》第四十章、第十六章、第五十二章、第二十八章）

凝神思索，试图把握住"道"的老子，注意到了"道"会回归于根源的运动方式。该内容在《老子》的第四十章中直接描述如下。

反者道之动，弱者道之用。天下万物生于有，有生于无。
回归至根源是道的运动，柔弱是道的作用。天下的万物产生于"有"（有形之物），有生于"无"（无形之物）。

此章仅二十一字，是《老子》中最短的章节。短短的话语中包括了"道""有""无"等极具重要含义的字词。孕育出万物，贯穿古今时间并深深地蕴含在万物之中的"道"进行着"反"这种运动。"反",即返回之意,此处指回归到根源。前面提到过《老子》中"道"——"一"——"二"——"三"——"万物"的生成论(第四十二章)。天下万物以"有"(有形之物)的形式产生于浑然的一气,而这一气产生于以"无"(无形之物)的形式存在的"道"。因此,天下万物回归至根源即是指回归于以"无"的形式存在的"道"。老子认为回归于根源,是"道"自身的运动。

由于第四十章过于简洁,让人难以理解"回归于根源是'道'的运动"这句话的含义。那么让我们再来看论述同样问题的第十六章。

致虚极,守静笃。万物并作,吾以观复。

夫物芸芸,各复归其根。归根曰静,是谓复命。复命曰常,知常曰明。不知常,妄作凶。知常容。容乃公,公乃王,王乃天,天乃道,道乃久,没身不殆。

如果能够使心灵的虚寂达到极点,并坚守静寂。即使万物都一齐蓬勃生长,我也能看到它们都复归于起点。

无论万物生长得多么地繁盛茂密,它们最终会各自返回到它们的根本。返回到根本就叫作"静寂",也叫作"回归到自己的命运"。回归到自己的命运叫作"恒常的理想状态",认识到恒常的理想状态就叫作"明智"。如果不认识恒常的理想状态就会做出轻妄的举止从而导致不好的结局。认识恒常的理想状态就能包容一切。包容一切就能做到公平无私。做到公平无私就具备了王之德，具备了王之德，就能成为天。成为了天就能与"道"合为一体。与"道"合为一体就能永恒长久，终身不会遭到危险。

在此章中"吾"再一次登场。"吾"排除杂念，虚心地、安静地观察着万物的存在状态。万物看起来正在蓬勃地生长着，然而从"吾"的眼中看来它们都在进行着"复"（回归到根本）的运动。那些元气满满、枝繁叶茂、鲜花盛开的草木到了秋天，也会落叶归根，回归于静寂之中。"夫物芸芸，各复归其根。"这句话通过草木来比喻万物经过生长和繁盛阶段最终会回到原本的地方。生于"无"之"道"，以"有"的形式存在的万物最终会回归的场所当然是"无"，当然是"道"。这里的回归是指回到静寂之中，但这并不单纯地意味着死亡或毁灭。就像归根的落叶化作肥料孕育新的生命那样，置身于自然的大循环中也能获得永远的生命。

老子进一步提出，"归根"即是"复命"，这是"恒常"不变的。"复命"是指万物各自返回到天对自己任命的状态。天对自己的任命即是各自的命运和本性。在老子的思想中，因为"天"的根源处是"道"的存在，所以"复命"也就是指回归于"道"。"复命"是"恒常"之事，意味着与永恒不变的"道"发生了关联。进一步而言，能否领悟"恒常"之物是能否拥有"明"（显明的智慧）的关键。

此章最后之处写到"容乃公，公乃王，王乃天，天乃道，道乃久"。这句话的形式与第二十五章的"大曰逝，逝曰远，远曰反"十分相似。这两句话中的分句均为三字一句的顶真句,并且中间的字均为助词。如果能够领悟到"恒常"之物,就能将万物作为"道"的现象而对其包容。由此就能保持公平无私的心,就能通往王之德,更进一步通往"天",再与"道"合一从而获得永远,最后到达"没身不殆"。此章从"公"——"王"——"天"——"道"——"久"层层展开,让人想到它与第二十五章中的"四大",即"道大、天大、地大、王亦大"的关联。

总之,第十六章论述了万物产生于"道",经过万物扩展的世界上的种种现象结果都是进行着"复"(回归到原点)的运动。这就是"常"的理想状态。只有"致虚极,守静笃"的人才能如实地看到这种运动。脱离世间的欲望,成为无心之人,才能将目光投向根源的世界,这与《老子》第一章的观点是相同的。

同样阐述复归于根源之"道"的章节还有第五十二章和第二十八章。第五十二章的内容如下。

天下有始,以为天下母。既得其母,复知其子。既知其子,复守其母,没身不殆。
塞其兑,闭其门,终身不勤。开其兑,济其事,终身不救。
见小曰明,守柔曰强。用其光,复归其明,无遗身殃。是谓习常。

这个世界有起始,将其称为世界之母。如果知道其母,就能够知道其子。如果知道其子,进而就能好好地把握其母。那么终身都不会有危险。

塞住自己的感觉器官，闭起欲望和知识的门径，终身都不会有疲惫之事。如果打开自己的感觉器官，继续保持着与世间纷杂之事的关联，那么终身都不可救治。

能够看穿微小的事物，叫作"明智"，能够持守柔弱，叫作真正的"强"。将观察外物的目之光，返回投射到看穿内在事物的"明智"之中，就不会给自己带来灾难。这就叫作"遵从常道"。

此章第一句中的"母"与"子"自然是用来比喻"道"和万物的关系。万物如果了解自己的母亲"道"，就能好好地了解自己，也能牢牢地保持住"道"。老子认为这是终身安稳的生活方式（"没身不殆"的"身"字在本段引用的底本中为"其"字，此处根据其他版本改成了"身"字。马王堆甲本、乙本中也是"身"字）。为了实现这种生活方式，老子提出要"塞其兑，闭其门"。封闭作为自己与外界联系的出入口，即口、耳、鼻等感觉器官，尽可能地远离欲望以及知识、情报等。如果不能这样做，反而任由自己的欲望膨胀，积极地获取知识以及交换情报，保持着与世间琐事的关联，那么一生也无法被拯救。

此处，老子认为尽可能地减少与外界的接触是与道相通的生活方式。虽然减少与外界的接触是消极的处世方法，然而老子提出这样的观点是为了强调将目光从自己的身外之物上转移至对内在之物的观察。此章最后"用其光，复归其明"的意思就是用目光观察外界事物的同时，也将其光转向内侧，回归于照亮自己内在的智慧之中。若能如此，便不会惹祸上身。老子认为这就是"习常"。"习"字在很多版本中写作"袭"字。"习"与"袭"均有"因习、承袭"之意。关于"明"和"常"，前述第十六章中写到"复命曰常，知常曰明"。能够看穿微小之物、内在之物的"明智"，不外是自身内部的"道"的力量。回归于"明智"也就是回归至永恒不变的"道"。

第五十二章的内容既可以读作处世法则也可以读作养生论。首先，文中"没身不殆""终身不勤""无遗身殃"等内容均可以认为是论述如何安稳地度过一生的处世教诲。不管是遵循"道"的生活方式，抑或是安静平稳地度过一生的思考方法都是老子思想的根本。关于老子的处世法则，后文里还会提到"知足"、柔弱谦下等生活方式。这些生活方式正是因为与"道"相通才具有意义。

另一方面，如果将第五十二章读作是养生论，那么"塞其兑，闭其门"和"用其光，复归其明"两句就是关键。活跃在唐朝则天武后、玄宗时期的道士司马承祯（647—735）所写的《坐忘论》便是一部道教的修养论著作。"坐忘"一词出自《庄子·大宗师》中的"堕肢体，黜聪明，离形去知，同于大通，此谓坐忘。（忘记四肢五体的存在，抛却耳目的作用，离开身体，去掉智慧，与大道合一，这就是坐忘。）"《坐忘论》中划分了七个修养阶段，分别是（一）信敬、（二）断缘、（三）收心、（四）简事、（五）真观、（六）泰定、（七）得道。最开始是相信并且崇敬"道"，然后是心灵获得极大的安定,最后才能与"道"完全合一。其中,第二阶段的"断缘"意为"断有为俗事之缘",作者引用了《老子》中的"塞其兑,闭其门,终身不勤"来说明这个问题。第四阶段"简事",是指要遵守自己的本分,切断与本分以外事物的关系。虽然这一段没有引用《老子》的原文,但是在内容上却是和《老子》第五十二章相同。

《坐忘论》的理想是将"道"之力集中于安稳、虚空的心里再作用到全身,最终获得不死的生命。《坐忘论》可谓是论述修养身心的著作。但如果一定要说它侧重哪一方面的话,那么只能说由于受到佛教禅宗的影响,更着重于心灵的修养。当然,也有更加重视身体修养(养生论)的著作。河上公注就是从养生方面解读第五十二章的一个很好的例子。河上公将"用其光,复归其明"注释为:"用其目光于外,视时世之利害。复当返其光明于内,无使精神泄也。"本书在第一部分中已经说过,河上公注的特征之一就是用养生思想解释《老子》,尤其是屡屡出现存思体内之神的内容。这段注释中的"精神"就是指寄宿在人的五脏之中的体内神。在仔细注视外侧的同时,将目光投回体内好好观察,让体内神牢牢地寄宿在体内,好好地守护身体。第五十二章对后世道教在修养论方面的影响,也是值得注意的。

接下来看第二十八章。

知其雄，守其雌，为天下豀。为天下豀，常德不离，复归于婴儿。

知其白，守其黑，为天下式。为天下式，常德不忒，复归于无极。

知其荣，守其辱，为天下谷。为天下谷，常德乃足，复归于朴。

朴散则为器，圣人用之，则为官长。故大制不割。

知道男性的强健以后，却安守女性的柔弱，就能成为汇集天下万物的溪谷。成为汇集天下万物的溪谷，永恒的德性就不会离失，就能回复到婴儿般纯粹无垢的状态。

知道明亮白光以后，却安守暗昧的状态，就能成为天下的模范。成为天下的模范以后，永恒的德行就不会差失，就能回复到无尽的世界。

深知光辉的荣誉以后，却安守屈辱的地位，就能成为汇集天下万物的谷壑。成为汇集天下万物的谷壑以后，永恒不变的德得以满足，就能回复到未经打磨的质朴状态。

质朴分散为器具，圣人使用这些器具，则为百官之长。所以好的分割方法是不会切断质朴的本质的。

本章的前三段是三对整齐的对句。三段各自押韵，并包含了"雄"与"雌"、"白"与"黑"、"荣"与"辱"三组反义词。从世间的通常观点看来，"雄"（男性的强健）、"白"（明亮白光）、"荣"（光辉荣誉）的地位优于"雌"（女性的柔弱）、"黑"（暗昧的状态)、"辱"(屈辱)。老子认为,在明知上位的优势以后,依旧愿意继续置身于下位的劣势,就能被天下人所仰慕,成为天下的模范。处于优势的上位之物,既可以解释为存在于体内之物,也可以解释为存在于体外之物。不管这些强健、光辉、荣誉存在于体内还是体外,它们被无视并非是因为不懂得它们在世间的价值,而是明知它们的价值依旧选择置身于柔弱、暗昧、屈辱之地。这才是难而可贵的。

老子用"为天下豁(谷)"来表示受到天下之人的仰慕。"谷"在低处,所有的水都汇集在谷间。因此才将受到天下之人的仰慕比喻成"为天下豁(谷)"。《老子》中"谷"字几度出现。如"谷神不死,是谓玄牝"(第六章),"古之善为士者……旷兮其若谷"(第十五章),"谷得一以盈"(第三十九章),"上德若谷"(第四十一章),等等。与其他事物相比身处于低处,因为自身空虚能够包容万物的"谷"正是就"德"之人的象征。

若能做到"为天下豁(谷)","常德"就会满足地不离开身边。此处的"常德"让人联想到第一章中的"常道"。在之前论述过的第十六章和第五十二章中也有"常"字。《老子》中"常"字具有重要的含义。"常德"应该是指对第一章中"常道"的领会。老子认为具备"常德"之人能够回归至"婴儿",回归至"无极",回归至"朴"。"婴儿"象征着纯粹无垢,这个词在《老子》的第十章和第二十章也有出现。在第十章的"专气致柔,能婴儿乎"一句中,老子以婴儿来象征初生的精气和无上的柔软。"无极"一词在《老子》中仅在此章出现,然而"朴"除了此章还出现了五次(第十五章、第十九章、第三十二章、第三十七章、第五十七章)。用刚从山中采伐,尚未经过加工的荒木之"朴"来象征毫无修饰的纯朴。归根结底,"婴儿""无极""朴"这三种事物象征的是万物根源之"道"。

第七章 | 对文明的警告

对儒家的批判（《老子》第十八章、第十九章、第三十八章）

老子参透出"复归"（回归到根源）是"道"的运动方式，亦是由"道"生出的万物以及万物衍生出的各种现象的真实理想状态，同时还是"常"的形态。这是老子通过仔细凝视观察宇宙和自然的状态得出的结论。同时，他还认为这是宇宙和自然向人类示范的正确生活方式。《老子》中阐述的各种处世道理都是通过这种方式来表现的。同时，老子也站在这样的立场对人类创造出的文明、政治和社会做出了根源性的反思。从"道"的视角看来，现实中的社会、政治和文明远离了它们应该有的状态。《老子》中那些对人类文明的警告性言论以及理想的政治论便由此而生。

老子通过对儒家思想进行批判的方式对人类文明做出了警告。儒家思想认为，人们为了维护社会生活的秩序，就必须从亲子、君臣、夫妇、兄弟、朋友等各个立场来遵守相应的人伦道德规范，并且还阐述了将其付诸实践的重要性。老子正面反驳了这些观点。老子对儒家思想的批判可见于第十八章、第十九章、第三十八章等。

第十八章内容如下。

大道废，有仁义。智慧出，有大伪。六亲不和，有孝慈。国家昏乱，有忠臣。

当大的"道"衰落时，才会强调仁爱与正义。当人类自作聪明的智慧显现时，才会开始盛行虚伪。当身边的亲族之间产生不和时，才会提倡子对亲的孝道以及亲对子的慈爱。当国家陷于混乱时，才会出现忠义的贤臣。

虽然篇幅短小，此章却是《老子》中最被人们所熟知的章节之一（此处引用的底本中原写作"慧智"，笔者参考诸版本改为了"智慧"。马王堆甲本、乙本中写作"知慧"）。在儒家思想里，"仁义""孝慈"以及"忠"等是支撑着人与人之间的关系、亲子关系、君臣关系的重要德目[1]，具有极高的价值。根据儒家思想的价值观，只有"仁义""孝慈""忠"正在进行的时候才是"道"得以实现的时候。但老子却说，大"道"荒废，导致"仁义"出现；六亲（亲子、兄弟、夫妇）不和，导致"孝慈"出现；国家混乱，导致"忠臣"出现。对于熟悉儒家阐述的人伦道德思想的人来说，此章的内容实在是出人意料、荒唐至极。

然而，从老子自身的理论来看，此章不过是在说理所当然的道理。老子所言的"大道"与儒家所说的人伦道德的"道"并不

---

[1]"德目"，即将道德进行分类的名目，如仁、义、信等。——译注

相同。此"道"是《老子》第一章中的"常道",是孕育出天地万物的始源,同时也是万物最终会回归的根源之物。它与宇宙生成的神秘造化相关,是超越人类力量的"自然"之物。因此,"大道"荒废是指通过领悟这种"常道"而具备真正的"德"的人越来越少,遵守"常道"想要以"自然"原本的方式生活的人也越来越少,其结果就是世间产生了各种各样的矛盾。老子认为正是为了解决这些矛盾才开始强调"仁义"。

老子这些主张的前提必须是在"常道"运行的时代,人们依照"自然"行动,家庭和国家也自然而然地保持着秩序。关于这一点,河上公注中有详细说明。对于"大道废,有仁义"一句,河上公注曰:"大道之时,家有孝子,户有忠信,仁义不见也。大道废不用,恶逆生,乃有仁义可传道。"对于"国家昏乱,有忠臣"一句,河上公注解说为:"政令不明,上下相怨,邪僻争权,乃有忠臣匡正其君也。""大道"运行时,每个人都孝敬父母,忠心诚信,因此没有必要提倡仁义;"大道"荒废时,人们生出了邪恶、反逆之心,因此有必要阐述仁义以传播"道";当国家发生混乱时,为了匡正君主的行为,于是出现了忠臣。

河上公的注释中还对整章做出了总结:"此言天下太平不知仁,人尽无欲不知廉,各自洁己不知贞。大道之世,仁义没,孝慈灭,犹日中盛明,众星失光。"也就是说在"大道"运行的"天下太平"之世,人人不知"仁",却能自然地保持清廉贞洁。世间充满着远胜于"仁义""孝慈"的、最为明亮的光辉("大道"),

因此没有必要刻意提倡"仁义""孝慈"等观点。"大道"运行的"天下太平"之世究竟存在于什么年代？这个问题在河上公注中并没有言明。但人们大致能够想到那个淳朴自然的太古时代。在中国的传统思想中一般认为太古时期存在着一个理想之世，这个观点在道教思想中尤其根深蒂固。老子的"道"是关乎于开天辟地的最初时间的概念，前文提到的第二十八章用"婴儿""朴"来比喻根源之"道"，阐述了万物回归于根源之"道"的运动方式。此处第十八章中"大道废，有仁义"的观点，也是基于太古时代"天下太平"的"大道"之世逐渐衰落，后世的儒家开始提倡"仁义""孝慈""忠"的历史背景。从这个观点来看，与其说"大道废，有仁义"是对儒家思想的批判，不如说是对由盛及衰的人类历史的叹息。那么要怎样才能解决人世间面临的这种问题呢？其答案写在了第十九章。

第十九章内容如下。

绝圣弃智，民利百倍。绝仁弃义，民复孝慈。绝巧弃利，盗贼无有。

此三者，以为文不足。故令有所属，见素抱朴，少私寡欲。

割断圣智，舍去智慧，人民可以得到百倍的好处。割断仁爱，舍去正义，人民可以恢复孝行与慈爱。割断巧能小技，舍去对利益的追求，盗贼也就没有了。

以上三点不足以说明我的观点，因此做出以下补充说明：显露毫无修饰的本来面目，保守住内在未经加工的纯朴，抑制私心，减少欲望。

以上三点是老子所列举的将现在的世间恢复到"大道"之世的方法。第一，舍去"圣"与"智"；第二，舍去"仁"与"义"；第三，舍去"巧"与"利"。此处的"圣"是指世间所认为的睿智，而不是后一章里领悟了《老子》的"道"的"圣人"。"智"字，与第十八章的"智慧出，有大伪"一句相接，是指人类自作聪明的智慧，而"巧"与"利"是指从自作聪明的智慧中衍生出的技巧与利益。"利"字除了利益的意思以外，还有便利的意思。人们为了生活更加丰富，不停地追求技巧、便利的事物，这也可以说是科学技术与文明发展的根本动力。但老子却说，舍去这些追求才有可能获得真正的幸福。真是一个大胆的言论。

舍去"仁"和"义"，人们就会回归到"孝慈"。老子用这种看似悖论的表达方式对标榜"仁义"的儒家思想予以强烈的批判。此处的"孝慈"与第十八章中"六亲不和，有孝慈"中的"孝慈"有些许不同的意思。第十八章中的"孝慈"，是儒家倡导的应当实践的德目之一；而第十九章的"孝慈"是指人类本来就具有的孝行与慈爱的本性。老子没有否定孩子对父母的孝行以及父母对孩子的慈爱，他认为那是人们自然而然的心理表现，更是他所期待的事情。然而，儒家思想却将"孝慈"标榜为德目，将其视为需要向人们灌输的规范。老子认为这样的做法不能让人们自然地回归到"孝慈"之中。自然而然的"自然"才是真实，第十九章的论述也表现出了老子的这种思想。

老子大概认为提出舍去"圣"与"智"、"仁"与"义"、"巧"与"利"的要求,针对的都是政治性、社会性的现实问题,未免显得有点大煞风景。于是他接着提出了"见素抱朴,少私寡欲"这句更具普遍意义的话。他说,保持不加修饰的真实状态,减少私心和欲望,这就是回归到"大道"之世的方法。

本书的第一部分中已经提到,在郭店出土的楚简《老子》的甲本中也有与第十九章相当的内容,只是与现行本的文字表述有不同之处。现行本的"圣""仁""义"三字在郭店楚简里被"弁""伪""虑"三字取代,因此儒家色彩也略显薄弱。而在马王堆出土的帛书《老子》中,此处的用字却是和现行本相同。由此可以说明,从郭店楚简成书的战国时代,到马王堆帛书成书的汉代初年之间,《老子》文本中对儒家思想的批判色彩显得越发浓烈起来。

第三十八章,是《老子》对儒家思想批判的总结。其内容如下。

上德不德,是以有德。下德不失德,是以无德。

上德无为而无以为。上仁为之而无以为。上义为之而有以为。上礼为之而莫之应,则攘臂而扔之。

故失道而后德,失德而后仁,失仁而后义,失义而后礼。

夫礼者,忠信之薄,而乱之首。前识者,道之华,而愚之始。是以大丈夫处其厚,不居其薄;处其实,不居其华。故去彼取此。

具备"上德"的人不会意识到自己的"德",因此是真正地有"德"。具备"下德"的人意识到自己的"德"而不失德,因此不是真正的"德"。

"上德"之人无心作为而顺应自然,具有高尚的仁爱之心的人有所作为而顺应自然。具有高尚的正义之心的人有心作为而有所为。礼仪上乘之人有所为而无人回应时,就会挽起袖子拉拢对方。

因此,失去了"道"以后,开始提倡"德";失去"德"以后,开始提倡仁爱;失去仁爱以后,开始提倡正义;失去正义以后,开始提倡礼仪。

礼仪原本就是忠信不足的产物,是争乱的开端。拥有比常人预先知道事物的智慧,不过"道"的虚华之花,是愚昧的开端。所以大丈夫立身敦厚,不居于浅薄之地;置身于"道"的实质,不居于虚华之花。所以要舍弃那些(浅薄的虚华之花)而摘取这些(敦厚的实质)。

此章是《老子道德经》下篇的最初章节。下篇被称为"德经"是因为此章始于"上德不德","德"成为讨论的主题。如前文所见,老子阐述的"德"与天地万物的根源之"道"密切相关,悟"道"之人或是守"道"之人都是真正的有"德"之人。真正的有"德"之人,在此章中被称为"上德"。"上德"之人,身上自然而然地具备了"德",他们意识不到自己的"德"。这就等同于"道"孕育出天地万物而不夸耀自己的功绩。与之相对的是,不具备真正的"德"的"下德"之人，意识到自己的"德"而努力不失去它。

根据此章引用的底本，在"上德无为而无以为。上仁为之而无以为"之间，还插入了一句"下德为之而有以为"。然而"上义为之而有以为"中也是"为之而有以为"，那就意味着"下德"与"上义"相同。从整段话来看，意思也显得表述不明、难以理解，故而笔者引用此章内容时删除了这句话。况且，在马王堆帛书的甲本、乙本中也没有这句话。郭店楚简中更没有与第三十八章相应的内容。

"上德无为而无以为"这一段，依次按照"上德""上仁""上义""上礼"的顺序进行了论述。如果将这段内容与开头段落"上德不德，是以有德。下德不失德，是以无德"的内容相对应的话，那么"上仁""上义""上礼"就相当于"下德"。"仁""义""礼"是儒家一直倡导的重要德目。老子对"仁""义""礼"划分了等级，认为"仁"高于"义"，"义"高于"礼"。他的划分依据是三者脱离"无为"之"道"的程度。关于"礼"，儒家经典《礼记·曲礼上》中写道："道德仁义，非礼不成。"儒家圣人制定了礼，将其教授于人，并且告知世人，人和禽兽的区别在于是否具备了"礼"。可见，礼是儒家经典中极其重要的内容。同时，"礼教"也是"儒教"的别称之一，这也反映了礼的重要地位。然而，老子却对"礼"进行了激烈的批判。他认为"上礼为之而莫之应，则攘臂而扔之"。《礼记·曲礼上》中写道："礼尚往来。往而不来，非礼也。来而不往，亦非礼也。"也就是说，礼并非一种单向行为，它重视的是双方的应酬。从儒家的思维方式来看，礼是人际关系的润滑剂。但是，在老子看来，当一方不履行应该履行的应酬时，"礼"就成了争执产生的原因。因此，他说"夫礼者，忠信之薄，而乱之首"。在"道"运行的时代，尚有很多人具备真正的"德"，人们自然而然地笃守"忠信"（真心），故而没有提倡"礼"的必要。当人心逐渐变得浮躁与轻薄以后，才渐渐地开始倡导"礼"。接着，后文写道："前识者，道之华，而愚之始。"此处的"前识"是指比常人预先了解事物，相当于"智"。于是，老子将孟子所倡导的"仁""义""礼""智"四德并举，更加显示出对儒家思想批判的鲜明色彩。

此章对"道"→"德"→"仁"→"义"→"礼"（→"智"）进行了从上到下的排序。这个过程与阐述"大道废，有仁义"的第十八章相同，均可以解读为人类历史从充满了"道"的纯朴自然的太古时代开始逐渐沉沦的过程。人类无法回到过去，重新改写历史。但是老子认为从现在起重拾"道"，或者回归于"道"是具有可能的。为了实现这个目标，有必要舍去"礼""智"等轻薄虚华的花朵，而摘取"道"厚重坚实的果实。老子对立志回归于"道"的"大丈夫"的生活方式提出了自己的主张。他认为与其通过教育、学问抑或是强制性的外力来获得外在的美，还不如令每个人深处蕴含着的自然的"道"觉醒，坚持一种实在的纯朴的生活方式。

小国寡民（《老子》第八十章）

"道"运行的理想时代在老子心中具体是怎样的光景呢？我们可以在第八十章中找到答案。

> 小国寡民，使有什伯之器而不用，使民重死而不远徙。虽有舟舆，无所乘之，虽有甲兵，无所陈之。使人复结绳而用之，甘其食，美其服，安其居，乐其俗。邻国相望，鸡犬之声相闻，民至老死，不相往来。

> 国家小且国民少。军队拥有武器却没有使用的机会，使人民重视自己的生命，而不向远方迁徙。虽然有船只车辆，却不乘坐，虽然有铠甲、武器，却没有列阵示威的必要。使人民再恢复到远古时代那样结绳记事，让人们觉得自己的食物美味，自己的衣服美丽，在自己的住所住得安适，能够乐享自己的风俗。国与国之间互相望得见，鸡犬的叫声都可以听得见，但人民从生到死，也不互相往来。

以上是《老子》中阐述"小国寡民"理想社会的有名章节。在小小的村落共同体中，即使拥有文明的利器也不去使用，重视生命，满足于自己的现状，在自己的出生地安稳地度过一生。老子的理想就是这种安于自然的全然朴素的生活。老子说在这里就连使用文字的必要也没有。在文字被创造出之前，"结绳"是人们相互交流的手段。据儒家经典《易经·系辞下》记载，"结绳"

始于古代的包牺氏，"上古结绳而治，后世圣人易之以书契"。此处的圣人，自然是指儒家的圣人。文字的发明者，一般认为是黄帝的臣下仓颉。由于文字的发明与使用，产生了很多书籍，通过阅读书籍就可以学习知识，儒家思想认为这些都是人类值得夸耀的文化并予以很高的评价。老子的想法却与之相反，他认为"结绳"的时代更好。

老子之所以对太古时代抱有强烈的憧憬，是因为他的目光凝聚在了人类文化、文明发展带来的负面影响之上。文明的利器使人们劳动工作，从而让人们迷失了原本的生存方式——生活；儒家总是用烦琐的道德规范教导人们"应该这样做"，这样的约束让人们忘记了鲜活的生活方式带给生命的光辉。老子无法忽视人类文化、文明发展带来的负面影响，尤其是战争。阐述"小国寡民"的第八十章中就明确地表现出他对战争的反对。此章中出现了"什伯之器""甲兵"等与战争相关的词；"使民重死而不远徙""民至老死，不相往来"中使用了两个"死"字。从这些句子中可以解读出老子希望人们不要被战争夺去生命，能够在平安的生活中终老的心愿。认为太古的"结绳"时期是绝好的时代，虽然这样的尚古思想略微极端，但结合此章的整个文脉却是能够解释的。

在《庄子·胠箧》中描写古之"至德之世"的情景与《老子》第八十章中"结绳"以后的文字大致相同。此外，在最古老的道教经典《太平经》中亦有"夫上古之人，人人各自知真道，又其时少邪气""故古者上皇之时，人皆学清静，深知天地之至情"等句，描绘了天地开辟后不久的上古之世：人人知"真道"，知天地之心，少邪气，太平之世得以实现。老子认为"道"得以实现的时代曾经存在于太古时期，并将其作为今世的理想，这个观念也被后来的道教所继承。

"小国寡民"的社会即是小小的村落共同体。不与邻国往来的小型村落共同体集合成老子理想中的"天下"。老子将治理"天下"的理想君主称为"圣人"。关于"圣人"之治，即老子思考的治理天下的政治论，将在下一章进行叙述。

老子的独白（《老子》第二十章）

关注人类文化、文明发展带来的负面影响，描绘出近似于太古之世的"小国寡民"的理想社会，并且提出回归于"道"才是人类真正的生活方式的老子，意识到自己的想法与世间之人是不同的。对于无法与世人抱以同样的思考方式生活的自己，老子报以深深的叹息。在叹息的同时，老子写下了如下内容。第二十章亦是"老子的独白"之章。

绝学无忧，唯之与阿，相去几何。善之与恶，相去何若。人之所畏，不可不畏。荒兮其未央哉。
众人熙熙，如享太牢，如春登台。我独泊兮其未兆，如婴儿之未孩。儽儽兮若无所归。众人皆有余，而我独若遗。我愚人之心也哉,沌沌兮。

俗人昭昭,我独若昏。俗人察察,我独闷闷。澹兮其若海,飂兮若无止。众人皆有以,而我独顽似鄙。我独异于人,而贵食母。

如果停止学习,就不会有忧愁。"唯"声与"阿"声,有多大的差别呢?善良和丑恶,又相差多少?世人所畏惧的,我也不能不畏惧。茫然,漠然,好像没有尽头。

众人好像都兴高采烈,如同去参加鼎盛的宴席,如同春日里登上高台眺望美景。只有我独自沉默安静,无动于衷,如同还不会发出嬉笑声的婴儿。疲倦,好像没有归宿。每个人的所有好像都有富余,而我却像失去了一切。我的心是一颗愚者的心,迟钝而又茫然。

世俗之人都明亮明晰,唯独我模模糊糊。世俗之人都干脆果断,唯独我混乱含糊。如同在海上般轻轻摇动,如同轻风飘扬不止。众人都有所作为,唯独我顽固而鄙陋。唯独我与世人皆不同,我重视着养育着我的母亲("道")。

此章"我"字出现了七次。前文也提到过《老子》中屡屡有"吾""我"出现,仿佛直接向读者讲述一样。其中出现频率最高的就是此章。老子仔细审视了自己,并毫不掩饰地述说了自己内心的想法。此外,这章多次使用押韵和对句,酝酿出如诗般的节奏。

此章可分为三段。"绝学无忧"是第一段的开始,表达了对世俗之人价值观的批判与怀疑。"学"是指儒家提倡的仁义道德与礼仪的学问。重视"学"是儒家的一大特征。老子毫不客气地指出通过学习来灌输知识，并不会使人幸福，反而会成为忧郁的原因。因为在老子的思考中，通过学习被教导的仁义道德与礼仪，以及所积累的知识和智慧使人离"道"越来越远。第四十八章中也提到："为学日益，为道日损。损之又损，以至于无为。无为而无不为。"意思是，比起求"学"以增加知识，修"道"以减少知识更为重要。烦琐的礼学、以出仕和荣达为目的的学问，都会让人逐渐远离"道"，迷失"自然"的本性。还不如逐渐地减少知识直到"无为"的境地，从而获得"无为而无不为"的力量。老子认为这种做法更值得期待。

"唯之与阿，相去几何"这句话的意思是合乎礼仪的应答方式与失礼的应答方式究竟有多大的差别呢？在儒家之"礼"中，应答时"唯"比"阿"更符合礼仪。但是老子却对此抱有疑问。老子进而对世间通常意义上的"善"与"恶"也提出了疑问。《老子》第二章中，详细地表达了老子对世间常识的怀疑："天下皆知美之为美，斯恶已。皆知善之为善，斯不善已。故有无相生，难易相成，长短相形，高下相倾，音声相和，前后相随。"这个世间事实上充满了美恶（美丑）、善不善、有无、难易、长短、高下、音声（乐器的音色和人的声音）、前后等相对之物。人们对美的事物感到喜悦，认为善的事物就是好。然而，这些能称为真的美，真的善吗？美的存在是因为有丑（恶），善的存在是因为有不善。所有的事物都是相对的，需要相互依存才能成立。从根源之"道"的立场来看，现象世界事物之间相对性的差异几乎接近于无。但是世人却忘记了事物的相对性，将其中一方当作是绝对的好。这样的价值观被确立以后成为了世间的常识。对于这种世间常识，老子从根源上产生了质疑。尽管如此，老子作为世间之人，也无法全然无视这些现象，即"人之所畏，不可不畏"。然而，这也是没有止境的。

以"众人熙熙"开头的第二段和以"俗人昭昭"开头的第三段都是在嘲笑自己与世间之人的不同。快乐活动的"众人"与总是无动于衷的"我"；做事麻利的"俗人"与总是含糊拖沓的"我"。第二十章的七处"我"中，有六处在"我"后面都有"独"字。"我独"在此章中反复出现，更能加深老子孤独忧愁的印象。"我"字后面没有"独"字的是第二段的最后一句"我愚人之心也哉，沌沌兮"。倒装手法的使用，使这句话得到了很好的渲染。老子在"泊兮""儽儽兮""沌沌兮""澹兮""飂兮"中反复使用"兮"字的同时，也在思考着应该怎样形容自己的样子。老子在孤独和忧愁中客观地审视自己，并通过诗一般的语言来表达自己的思想。虽然他明确地提出了"绝学无忧"，但也不难想象出老子是学问很高、极有才能的知识人。

第二段和第三段浮现出老子独自感叹自己无法像世人那样生存的身影。然而，老子最后却决定要一生贯彻自己愚钝而不知变通的生活方式。第三段的最后一句"我独异于人，而贵食母"渗透出老子对自我坚持的默默自豪。"食母"中，"食"为"养"之意，养母是指养育万物的"道"。此处，王弼注释为"食母，生之本也",河上公注释为"食,用也。母,道也",也就是说"食母"就是"用道"之意。此外,也可以将"食母"解释为"被母亲养育"。总之,老子的独白可以总结为,领悟到根源之"道"的老子决意一生以"道"的方式孤独而高洁地生活。

第八章 | "圣人"之治

无为之治(《老子》第三章、第五十七章、第十七章)

在前一章中我们看到，老子描述的人类生活的理想社会是"小国寡民"的形式。这些"小国"集合成"天下"，那么治理"天下"的君王，怎样才符合老子的理想和期待呢？

《老子》第六十章中写道："治大国，若烹小鲜。"绝妙的比喻使得这句话成为被人熟知的名句。煮小鱼的时候，如果用筷子戳或是翻动搅拌，就会破坏鱼的形状，还不如安静地等待鱼儿煮好。同样，在治理大国的时候，颁布许多零散的政令，干涉人民的生活是不好的。这句话之后又写道："以道莅天下，其鬼不神。"总之，老子认为"若烹小鲜"的政治方法才是依据"道"治理天下的方法。结合"小国寡民"的理想社会来看，对于人们朴素、平和地生活着的村落共同体，理想的政治就是治理天下的君王不做任何多余的干涉，让人们继续保持安静的生活。

老子把领会了"道"的人称为"圣人"。对于依据"道"治理天下的"圣人之治"，老子进行了较多的陈述。"圣人之治"出自《老子》第三章,先来看这个章节。

不尚贤,使民不争。不贵难得之货,使民不为盗。不见可欲,使心不乱。是以圣人之治,虚其心,实其腹,弱其志,强其骨。常使民无知无欲,使夫知者不敢为也。为无为,则无不治。

君主不推崇贤能之人,就能使人民不互相争夺。不珍重难以到手的财物,就能使人民不去偷盗。不显耀刺激欲望的事物,就能使民心不乱。因此,圣人的治理原则是:排空人民的心机,填饱百姓的肚腹,减弱百姓的心志,增强百姓的筋骨。永远使百姓处于无知无欲的状态,致使那些有智慧的人也不敢有所作为。圣人执行"无为"的政治,世间就没有不能治理的了。

此章对使人民"无知无欲"的"圣人之治"进行了论述。这种言论乍看带有强烈的冲击性,但结合前文中老子对文化、文明的批判思想就很容易理解了。老子所思考的理想政治,是创造一个没有纷争,没有偷盗,人们能够内心安稳、寿终正寝的世界。因此,物质上的欲望自然是无用之物,人类自作聪明的智慧也是不需要的。然而,为了实现纯朴自然的生活方式,健康的体魄是必要的,"圣人"的任务是给予人民维持健康身体的条件。"虚其心,实其腹,弱其志,强其骨"说的就是这个意思。为了实现这种政治,君主不能"尚贤",也必须使"知者不敢为"。

老子对"知者"或者说对"智"的怀疑，在前述第十九章的"绝圣弃智，民利百倍"中已经有所体现。使民"无知无欲"从表面上看有些类似于所谓的愚民政策。在第六十五章中还能看到比第三章更直接的愚民政策的言论："古之善为道者，非以明民，将以愚之。民之难治，以其智多。故以智治国国之贼，不以智治国国之福。"这句话清楚地说明以"道"治国并不是要让人民聪明，而是要让人民变"愚"。然而，我们必须要弄清楚让人民变"愚"的"愚"是什么意思。老子所说的"愚"，不同于世间的"愚蠢"之意。王弼在第六十五章的注释中准确地解释说："愚谓无知守真，顺自然也。"也就是说老子的"愚"与"道"的"自然"相通，具有最高的价值。这与君王为了维护自己的权力作为策略而推行的愚民政策是不相同的。归根结底，老子的"愚"民是为了在人类的智慧、文明和文化的进步带来的负面影响中守护人民，是成全原本纯朴自然的生活方式的一种方法。

第三章的最后一句话是"为无为，则无不治"。"为无为"是老子特有的悖论式的表现方式，让人觉得费解。它指向的是从"不尚贤"到"使夫知者不敢为"的一系列内容。老子认为，君主执行不刻意作为的无为自然的治理方法，人们就能过上不被统治者干涉的平和安静的生活。"为无为"一词还可见于第六十三章中的"为无为，事无事，味无味"。就像前述第十四章中的"无状之状，无物之象"那样，"无为""无味"都是形容道的理想状态的词。只有领会了"道"的人才能做到"为（无为）""味（无味）"。

第五十七章也是论述"无为"之治的章节。

以正治国,以奇用兵,以无事取天下。吾何以知其然哉,以此。

天下多忌讳,而民弥贫,民多利器,国家滋昏。人多伎巧,奇物滋起,法令滋彰,盗贼多有。

故圣人云,我无为而民自化,我好静而民自正,我无事而民自富,我无欲而民自朴。

以正道治理国家,以奇策动用军队,不刻意做任何事而取得天下。我如何明白这些事的呢?根据就在于此:

天下的禁令越多,人民就越陷于贫穷;人民之间普及的便利器物越多,国家就越陷于混乱。人民之间的能工巧技越发达,被制作出的奇珍异品就越来越多;法令越是明确、完备,盗贼就会越多。

所以圣人说道:我若保持着"无为"的态度,人民就能自我化育;我若是好静,人民就能自我端正;我若是不刻意有所为,人民就自然富足;我若是无欲,人民就自然淳朴。

此章阐述了"无为""无事"之治作为取得天下、治理天下的有效方法的理由。第一段中的"以无事取天下",在《老子》的其他章节中也有相似的言论。如第四十八章的"取天下常以无事,及其有事,不足以取天下"。又如第二十九章的"将欲取天下而为之,吾见其不得已。天下神器,不可为也"。在第二十章的独白中老子虽然带给我们的是怀着孤独隐世独居的知识人形象，但是关于如何取得天下，如何治理国家，他也有着自己的思考。天下这种"神器"（神圣而不可思议的容器）位于超越人类力量之处，因此以人的作为于它而言是无能为力的。老子认为只能舍弃了人的作为，站在"无事""无为"的立场与其发生关系。因此，"忌讳""利器""伎巧""法令"等为政者意图拘束人民的事物越多，人类使用智慧刻意创作的事物越多，国家就会越发地混乱。

此章最后"圣人"所说的话中，"我……而民自……"的句式使用了四次。作为执政者的"我"如果能够"无为""好静""无事""无欲"，"民"就能够自然而然地自我教化、自我端正、自然富足以及自然纯朴。也就是说执政者不需要有意识地去教化、端正人民，也不用使他们富足，让他们变得纯朴。执政者不用刻意做任何事情，只需要保持安静，保持无欲的状态即可。执政者采取这样的态度，其结果是人民自然而然地自我端正，变得富足、纯朴。这就是老子理想中的政治。变得纯朴，也就意味着接近了"道"。

第十七章也明确地阐述了执政者以"无为"的方式实现了最好的政治状态。

大上下知有之。其次亲而誉之，其次畏之，其次侮之。
信不足，焉有不信。悠兮其贵言，功成事遂，百姓皆谓我自然。

最好的统治者,是他统治的人民仅仅知道他的存在;下一等的统治者,人民亲近他并且称赞他;再下一等的统治者,人民畏惧他;更差的统治者,人民轻蔑他。

统治者的诚信不足,对人民而言是没有信用的。最好的统治者悠然清闲,谨慎地控制自己发号施令而完成了统治天下的事业。老百姓说:"我们本来就是这样的。"

此章首先将政治分为四个等级。最高等级的政治,人民仅仅知道君主的存在,不会对君主抱有任何感情,相当于老子说的"无为"之治。次一级的政治,君主施授予人民许多恩惠,人民也对君主感到亲近,相当于儒家理想的仁爱的政治。再次一级的政治,君主以严苛的刑罚统治人民,人民对其感到恐惧,相当于法家提倡的权力支配的政治。最低级的政治,君主受到人民的侮辱和轻蔑。

老子在这一章中用极其简洁的语言,阐述了自己的政治观。除去第四等最低级的政治,其余三个等级的政治顺序依次为"无为"之治——儒家政治——法家政治,老子的这种政治观也显示出他的历史观。在老子理想的太古时代,"道"盛行,因此推行着"无为"之治。当"道"衰落以后,儒家开始阐述"仁义",主张仁爱的政治。随着时代的推移,仁爱的政治已经无法统治人民,从而变成了法家的严罚主义的政治。此处,老子通过政治的理想状态,再次正视了人类发展中越来越乖离于"道"的历史进程。老子批判以道德和刑罚约束人民的政治的言论还可见于第五十八章中，如"其政闷闷，其民淳淳。其政察察，其民欠欠。(如果政治宽容大度，人民就会纯朴。如果政治琐碎而严苛，人民就会心胸狭隘，产生纠纷。)""闷闷"与"察察"这组对比词语，也在老子独白的第二十章中出现过，即："俗人察察，我独闷闷。"

"信不足，焉有不信。"这句话在引用的底本中原本是"信不足焉，有不信焉"。笔者根据郭店楚简丙本以及马王堆帛书甲本、乙本在此处做出了修改。第四十九章中的"圣人常无心，以百姓心为心……信者吾信之，不信者吾亦信之，德（得）信"是阐述君王之"信"的句子。君王不应该严格地区分人民的"信"与"不信"，而是应该以极大的包容力对人民全然接受，完全信任。这就是"圣人"之"信"。

第十七章的最后一句写道："功成事遂，百姓皆谓我自然。"意思是，当以"圣人"的"无为"之治完成了统治天下的事业，人民都过上平稳生活的时候，人民不会意识到这是"圣人"的力量，而会以为是自己变成那样的。人民意识不到统治者的力量，而认为自己自然而然地变成了那样，这就是老子理想的"大上"之治。正如前述第二十五章中"人法地，地法天，天法道，道法自然"那样，"自然（自然而然）"是表现"道"理想状态的词。因此，"百姓"皆认为"我自然"的状态，就意味着"道"在世间得以实现，老子以此为最高级的统治状态。

遵循天道(《老子》第七章、第七十七章)

老子说,以"道"治理天下的"圣人"应把"天之道"当作模范。《老子》中"天之道"一词出现了四回,"天道"一词出现了两回。其中"功成身退,天之道"(第九章),"天之道,不争而善胜,不言而善应,不召而自来,繟然而善谋(不拘小节而善于谋划)。天网恢恢,疏而不失(天布置的网广大无边,网眼虽然大却不会让什么漏失)"(第七十三章),"天道无亲,常与善人(天之道没有偏袒,永远与善人为友)"(第七十九章),等等,成为被人熟知的名句。我们来看阐述效仿天地的理想状态,以退让而立身的第七章和效仿天之道,"损有余而补不足"的第七十七章。

第七章内容如下。

天长地久。天地所以能长且久者,以其不自生。故能长生。是以圣人后其身而身先,外其身而身存。非其无私邪,故能成其私。

天永远,地悠久。天地之所以能够永远悠久,是因为它们并不为了自己的生存而生存,所以能够长久生存。

因此,圣人自身退居于人之后,实际上却在众人之中领先。将自己置身度外,实际上却能保全自己的存在。这不正是因为圣人没有私利私欲吗?所以圣人得以成就自身。

此章与唐朝的玄宗皇帝有着深深的关联。在第一部分中已经提到唐玄宗爱读《老子》，身为天子也亲自为《老子》作注（即"玄宗御注"）。此章开头的"天长地久"，因为白乐天《长恨歌》的最后一句"天长地久有时尽，此恨绵绵无绝期"而被熟知。众所周知，《长恨歌》吟咏的是唐玄宗与杨贵妃的恋爱悲剧。白居易用老子的"天长地久"来感叹"悠久的天地何时也会有尽头吧？只是这悲恋遗恨会永远持续而没有断绝的时候"。《长恨歌》写于唐宪宗元和元年（806），在五十八年前的天宝七年（748），唐玄宗的生日八月五日被定为"天长节"。据《旧唐书·玄宗纪》记载，开元十七年（729），根据大臣的上奏，玄宗的生日被称为"千秋节"，后来才改为"天长节"。在日本，天皇的生日曾经被称为天长节，而皇后的生日则被称为地久节。这也是来源于玄宗的生日。

"天地所以能长且久者，以其不自生。"这句话被解释为天地能得以长久，是因为它们并不自己主动想要生存。刻意地意识到自己的生（存在），并执着于生，反而走向死亡，《老子》在第五十章中说过同样的话。它说人奔赴死地是因为"以其生生之厚（过于执着保护自己的生命）"。对于"天地所以能长且久者，以其不自生"，王弼注释为："自生，则与物争。不自生，则物归也。"如果自己拼命生存，就会推开别人从而产生纷争。然而玄宗的注释却与此不同。他对这句话解释为"天地生物，德用（德的作用）甚多，而能长且久者，以其资禀于道，不自矜其生成之功故尔"。其意思是，天地生出万物是一大功绩，但是它们却不夸耀自己的功绩因此得以长久。这是基于前述第五十一章中的"生而不有，为而不恃，长而不宰，是谓玄德"来理解第七章的内容。虽然这两种解释都说得通，但此处笔者更倾向于第五十章和王弼注的理解。

以天地的理想状态为模范的"圣人"不站于人前，不置身于人们的中心，结果却重于他人，领先于他人，实实在在地存在于人们之中。这种谦逊的美德并非只能用来论及君主吧。第七章除了可以解释为君主的行为，作为一般人的处世态度也是完全可以说得通的。然而，第六十六章也提到"欲先民，必以身后之"，居于人后是作为与"民"相对的君主的理想行为来论述的。第六十六章还接着写道："是以圣人处上而民不重，处前而民不害。是以天下乐推而不厌（天下的人民都喜欢他、拥戴他，谁都不会讨厌他）。以其不争，故天下莫能与之争。"说的是君主的谦逊态度能够自然而然地汇集人们的信誉声望。

第七章最后的"非以其无私邪，故能成其私"又是老子擅长的悖论式论说。彻底地贯彻"无私"，就能完成"私"。也就是说，舍弃自己的主张，放弃自我的欲望，以无私无欲的方式反而能够达成自己想做的事情。前述第十九章中有"少私寡欲（抑制私心，减少欲望）"一词。老子一贯主张尽可能地减少"私"和"欲"是接近于"道"的途径。

接下来看第七十七章。

天之道，其犹张弓与。高者抑之，下者举之，有余者损之，不足者补之。天之道，损有余而补不足。人之道则不然，损不足以奉有余。

孰能有余以奉天下。唯有道者。是以圣人，为而不恃，功成而不处。其不欲见贤。

天之道，就像是拉弓张弦吧？弦拉高了就把它压低一些，低了就把它举高一些，弦满了就要减少一些，不足的话就补充一些。天之道，就是这样减少有余的补给不足的。但是，人之道并非如此，是减少不足的，来供给有余的。

那么，究竟谁能够将有余的供给天下之人呢？只有领悟了"道"的人才可以做到。因此，圣人做大事却不夸耀，成就了大的功绩却不居功。他不愿意向世间显示自己的贤能。

与比照天地的理想状态来阐述"无私"的第七章不同，此章阐述的是"天之道"的公平。"天之道，损有余而补不足"是《老子》中被人熟知的名句。老子将"天之道"的公平比喻为张弓的动作进行说明。拉弓张弦的时候，弓的上端要向下抑制，弓的下端要向上抬起，再将弦拉近身前。弦长也需要调节到合适的长度，不能太长也不能不够。"天之道"亦如此。在自然界，阴阳之气自然地保持着平衡，两者都不多不少没有偏失。春夏秋冬四季循环，昼夜交替，月盈月缺都是如此。"损有余而补不足"是自然而然的行为，是大自然的常态，是"天之道"。而人类世界的情况却与之相反，变成了"损不足以奉有余"的情景。从贫穷的人那里取得财物供奉给那些钱财富余之人,这种现实的结果就是导致贫富差距越来越大。老子将这种状态称为"人之道",实际上是对其严厉的指责。他沉痛而强烈地批判了不顾民众的贫穷,强权豪势地生活着的朝廷当权者。第五十三章中也能见到这样的批判:"朝甚除(朝廷被打扫得非常干净),田甚芜,仓甚虚,服文彩(穿着美丽的衣服),带利剑,厌饮食,财货有余。是谓盗夸(盗贼的骄傲)。非道也哉。"老子将朝廷当权者极尽奢侈的生活状态定义为"盗夸",由此显示出他的激烈愤慨。不得不说,老子既是使用"道"这种抽象概念静静地展开自己的哲学的思索者,同时也尖锐地指出了现实社会中的问题点,他对不正之处怀有激烈的愤怒情感。

"天之道,损有余而补不足"的老子思想也被道教所继承。与东汉末年的道教集团太平道关联颇深的《太平经》中,明确地写着独占财物是犯罪。《太平经》卷六十七"六罪十治诀"中记载了人类六大罪状。其中之一就是积累了亿万财产却不用来救济贫困者。为什么说这种行为是大罪呢?是因为它背离了天、地、中和之心。天之气祈祷"道"(所有的人得以生存),地之气祈祷"德"(所有的人得以养育),中和之气祈祷"仁"(天地间的财物遍及所有的人),背离了这些行为就是大罪。此处出现"仁"字,可见儒家思想已经渗入《太平经》,然而其整体内容还是与《老子》第七十七章、第五十三章的思想更为密切。独占财产为恶,说明《老子》在社会思想层面也对道教产生了影响。

兵者不祥之器（《老子》第三十一章）

作为《老子》的君主论、政治论，最后我们来看论述战争的章节。以第三十一章为例。

> 夫兵者不祥之器，物或恶之。故有道者不处。
> 君子居则贵左，用兵则贵右。兵者不祥之器，非君子之器，不得已而用之，恬淡为上，胜而不美。而美之者，是乐杀人。夫乐杀人者，则不可得志于天下矣。
> 吉事尚左，凶事尚右。偏将军居左，上将军居右，言以丧礼处之。杀人之众，以哀悲泣之，战胜以丧礼处之。

兵器原本就是不吉利的器物，人们都厌恶它。所以得"道"之人不会置身于兵器之中。君子平时居处时以左边为贵，而用兵打仗时就以右边为贵。兵器是不吉利的器物，不是君子使用的器物。万不得已而使用它时，最好淡然处之，胜利了也不要赞美它。如果赞美胜利，杀人就会变成快乐的事情。如果以杀人为乐，统治天下的志向就不能实现。

吉庆的事情以左边为上位，丧葬的事情以右方为上位。在军队里，副将军居于左边，上将军居于右边，这就意味着遵循的是丧葬的礼法。战争中杀人众多，深深悲伤的心灵流着眼泪，即使打了胜仗，也要以丧礼的仪式去对待。

在此章中，老子明确地表达了自己的反战立场。他认为"兵者不祥之器，非君子之器"，如果对战争的胜利感到喜悦，就是"乐杀人"。即使战争中取得了胜利，胜战的仪式也要以"丧礼"来执行，这种出人意料的说法给人留下了深刻的印象。老子说，战争胜利的时候，不要意气风发地凯旋，而是要对战争中失去的生命致以哀思，以悲伤之礼来举行胜战的仪式。但是，老子也提出了"不得已而用之，恬淡为上"，说明他也认同有不得不战的时候。

对于此章中老子的言论，近现代的知识分子表现出深深的关注。俄国文豪托尔斯泰曾与小西增太郎一起将《老子》翻译成俄语。在翻译至第三十一章的时候，据说托尔斯泰对"兵者不祥之器，非君子之器"这句话不断地赞赏，并感叹说"三千年前就高唱这样的反战言论，让我感到无比地敬佩"。然而当他看到后一句"不得已而用之"时，脸上立刻浮现出不满，并对老子说过这样的话表现出很大的怀疑［木村毅《托尔斯泰、小西增太郎合译〈老子〉(俄语原本复制) 解说》，日本古书通信社, 1968］。1944年5月7日，在非洲致力于黑人的医疗救助和传道的阿尔贝特·施韦泽 (1875—1965) 当时身处在兰巴雷内[1]原始森林的医院里。当他听到第二次世界大战欧洲战线终结的消息时，那个晚上他一边想着："这是数年来第一个不用恐惧轰炸空袭的安眠之夜，人们会有怎样的感觉呢？"一边从书架中取出了《老子》，开始阅读第三十一章。施韦泽称赞《老子》的这一章写出了关于战争和胜利让他感动的言论 (《施韦泽著作集》第四卷 "兰巴雷内通信 第二十三封信"，野村实译，白水社, 1957)。施韦泽在《基督教与

---

[1] 兰巴雷内 (Lambaréné)，加蓬共和国西部城市，施韦泽在这里设立了世界著名的热带病研究中心。——译注

世界宗教》一文中再次提到老子,认为他"以温和的道理反映出一种寂静主义式的神秘主义。那是老子在对世界的成熟思考中到达的宗教境界"。他在文中写到"老子用崇高的语言宣判了战争的罪行",接着又引用了第三十一章的内容(《施韦泽著作集》第八卷,大岛康正译,白水社,1957)。

在第一部分中已经指出,关于此章的文本自古以来就有各种争议。随着马王堆帛书、郭店楚简的出土,可以得知现行版本中开头部分"夫佳兵者不祥之器"中的"佳"字原本是不存在的。同时也可以得知王弼的注释并没有混入在此章正文之中,在战国时代的《老子》文本中已经可见反战思想。对战争的否定是老子思想中的重要部分之一,其他章节中也能见到相关内容。例如第四十六章中的"天下有道,却走马以粪(快马被驱赶着用以耕田)。天下无道,戎马生于郊(军马在国境附近出生)"。下一段第三十章也会涉及相关内容。此段的引用仅删除了"佳"字,其余内容并未改变。

从前面叙述小国寡民的理想社会的章节中已经可以明确地知道,老子将没有战争的和平社会当作自己的理想。老子理想的政治,是人民意识不到君主存在的"无为"之治,同时也是遵循"天之道",实现世间的公平以及贯彻反战思想的和平政治。老子从安静纯粹的哲学思索中略微脱离,提出实现公平与和平的理想政治的根源在于对生命的尊重。由于"道"的运作,生出了世间有形的万物,人类也是万物中的重要组成部分之一。为了维持生命,必须供养必要之物,为了保全正常的寿命,必须给予和平的环境。第三十章中写道:"以道佐人主者,不以兵强天下……师之所处,荆棘生焉(军队驻扎之处,就会土地荒芜、荆棘丛生)。大军之后,必有凶年。"战争不仅对人类,还会对动物、植物等一切生命产生伤害。懂得"道"的人绝不会采取对万物的生命带去伤害甚至毁灭的行为。因为这背离了作为孕育出生命的"天下之母"(第二十五章、第五十二章)的"道"。

"兵者不祥之器,非君子之器""战胜以丧礼处之"——老子的言论也深深地触动了身处现代社会的我们的心灵。

第九章 | 知足;柔韧地生活

知足(第三十三章、第四十四章、第九章)

本书前面的章节以"道"的思想,以及基于"道"的思想来阐述的文明论、政治论为焦点,解读了《老子》的作品世界。在最后一章中,我们一起来看《老子》论述的处世教诲。

关于人类应当怎样生活,老子留下了许多富有深意的话语。总而言之,老子理想的生活方式就是遵循于"道"的生活。然而,具体而言是怎样的生活方式呢?老子用各种各样的话语进行了阐释。这些阐释在前面提到的章节中已经片段式地出现过。例如"无欲"(第一章)、"和其光,同其尘"(第四章、第五十六章)、"复归于婴儿"(第二十八章)、"为天下谿"(第二十八章)、"绝圣弃智"(第十九章)、"少私寡欲"(第十九章)、"无为"(第三十八章)、"无知无欲"(第三章)、"后其身"(第七章),等等。

《老子》中论述的处世教诲可以以各种方法总结。老子自身将其总结为一直珍惜并守护着的"三宝"。他在第六十七章中说道:"我有三宝,持而保之。一曰慈,二曰俭,三曰不敢为天下先。"他将"慈""俭""不为天下先"视为三个重要的信条。老子没有评价在世间的舞台华丽登场获得成功的生活方式,也没有评价通过排挤他人来赢取胜利的生活方式。他的"宝物"是为人思量周全的心灵、谨慎谦逊的态度以及不居于人前的生活方式。

本章将《老子》的处世教诲姑且总结为"知足""柔弱者生"和"不争"三项。这三项自然不能完整地归纳《老子》中的处世教诲,以下列举的各个章节中也有许多富有深意的言论超越了这三项。在解读下列章节时我们也会关注这些内容。

首先是关于"知足"。第三十三章内容如下。

知人者智,自知者明。胜人者有力,自胜者强。
知足者富,强行者有志。不失其所者久,死而不亡者寿。

充分了解他人的人是智者,充分了解自己的人才是真正的明智之人。能够战胜别人的人是有力的,能够战胜自己的人才是真正的强者。

懂得满足的人是富有的,努力不懈的人能够达成志向。不迷失本分的人能够长久,身死而精神与"道"合一就不会灭亡,那就是真正的长寿。

"知足"在此章的后半部分才出现,此章的前半部分说的是比起了解他人,了解自己才是真正的明智,比起战胜他人,能够战胜自己的人才是真正的强者。老子教导世人比起外在的世界,应该把目光更多地投向自己,因为这是接近"道"的手段。"自知者明"这句话与前述第十六章中的"知常曰明"以及第五十二章中的"见小曰明"等句子相关。"明"（明智）是指看穿内在之物、微小之物的行为，它与直视自己内在的、作为自己存在根源的"道"是相通的。比起了解他人，了解自己更能接近"道"。"自胜者强"中的"强"在第五十二章的"守柔曰强"中也出现过。老子认识到超越相对性的真正强大，不是战胜他人而是战胜自己；不是刚强地支配别人，而是反过来持守着柔弱。

将目光投向自己才能做到"知足"。人的欲望原本就是没有边界的。老子认为如果将目光投向外面，一味地追逐欲望的对象，只会给人造成不幸。他在第十二章写道："五色令人目盲，五音令人耳聋，五味令人口爽。驰骋畋猎（骑马或狩猎的乐趣），令人心发狂。难得之货，令人行妨。"外界的美丽事物、美味食物，或者是快乐的游玩、高价的财物成为迷乱人类正常感觉的根源。追逐这些事物使得欲望不断膨胀以至于最终迷失自我。迷失自我的人不可能幸福。停止追逐欲望的对象，怀着满足的心情才能让心灵得到充实。只有这种时候，才能获得真正的幸福和心灵的富足。"知足者富"就是说的这个意思。

从"知足"这个词的意思来看，老子并没有说要完全达到"无欲"的状态。对于世人来说，想要达到完全"无欲"的状态，在现实中是十分困难的。但是，尽可能地做到"寡欲"、懂得满足却又是十分重要的事情。懂得知足，才不会迷失自己的本分，迷失与自己匹配的应有状态。如果人能够在面对任何情况时都不迷失与自己相符合的应有状态,他就能够维持安定。这就是"不失其所者久"。自己的本分是指对自己而言本来的自然之物,它与"道"相关。因此,不迷失本分者,就能得以长久。对此章最后的一句"死而不亡者寿"的解释有很多种,笔者认为解释这句话应该同前一句一样,考虑它与"道"的关系。不失去本分,与"道"一起存在的人,即使肉体死亡了,其精神与"道"相同,不会灭亡。老子认为真正的长寿应该是这样的。

第四十四章中也出现了"知足"。

名与身孰亲,身与货孰多,得与亡孰病。是故甚爱必大费,多藏必厚亡。知足不辱,知止不殆。可以长久。

声名和身体,哪一个更实在呢?身体和财货,哪一个更重要呢?得到的和失去的相比,哪一个带来的忧愁更多呢?因此,过分地珍惜某物就必定要为此付出更多的代价;过分地积敛财富,必定会招致更为惨重的损失。如果懂得满足,就不会受到屈辱;如果懂得适可而止,就不会遇到危险。这样才可以保持住长久的平安。

此章首先列举出了"名"与"身"、"身"与"货"两组选择,并质问每组选择中,哪一种更重要?儒家思想重视"名"(名声、名誉),有时会对为"名"舍命的行为做出很高的评价。然而,老子并不赞同这种想法。他认为,对于人类而言最重要的是"道"。生出万物,并与"德"共同养育万物的"道"期盼的是万物保全生命、好好生存。人类也是万物之一,由"道"所生,以"身"的形态存在于世上。因此,"身"应该比任何事物都重要。在老子的想法中,"名"对于人而言并非本质性的事物,它是外在的、次要的。"货"(财货)就更不用说了。身体才是根本的观点还可见于第十三章:"宠辱若惊,贵大患若身(世人受到宠爱或侮辱时都会感到不安,把名誉、财产等大患的缘由看得与自己的身体一样珍贵)。"所有的事情,都是以自己的身体为根本,第十三章劝诫世人,比起世俗的名誉和财富,请更加珍惜身体和生命。与"身"以外的虚饰相比,自己自身更为重要,这是一种非常切实的思考方式。

但是,老子所说的重视自己的"身",绝非指那些利己的、放任自己欲望的行为。它要求舍去虚饰,极力地做到"少私寡欲",正视作为自己存在根据的"道"。进而,逐渐地了解自身,懂得知足和适可而止,这样就能避免羞辱和危险,最后就能长久地处于安定的状态。"知足不辱,知止不殆"这句话又被称为"止足之戒",是老子处世哲学中的名句。

"知足"一词,在《老子》中除了第三十三章、第四十四章以外,还出现在第四十六章"祸莫大于不知足,咎莫大于欲得。故知足之足,常足矣"一句中。"知足之足"是指,得知满足的含义和重要性的满足。这种满足并非一时的满足,而是真正的满足。

接下来看第九章，此章并没有出现"知足"一词，却表达了类似的处世原则。

持而盈之，不如其已。揣而锐之，不可长保。金玉满堂，莫之能守。富贵而骄，自遗其咎。功遂身退，天之道。

保持器皿处于盈满的状态，不如趁早停止。磨炼刀锋使其尖锐，锐势难以保持长久。金玉满堂，却无法长久地守护。如果得到富贵和地位的人骄横自大，会给自己招来祸患。做成了一件事情，就要赶快隐身而退，这就是天之道。

此处阐述的处世教诲，就是广为人知的"持盈之戒"。最后的"功遂身退，天之道"也是一句名句。任何事情都不能长时间地保持在极致的状态。老子用器皿不能保持满盈，刀锋难以长久尖锐等日常的现象来说明这个道理。就像是月满就会缺，太阳爬过了上中天就会下沉那样，达到顶点的事物在下一刻就会走向衰落，这是自然的法则。如果想要强行地维持长时期处于顶点的状态，就会招致破落沉沦。老子认为比起败落，还不如选择在合适的地方隐身而退，这才是安全的、符合自然规则的生存方法。知道在何时隐身而退，也就是懂得"知足"。此章的主旨和前述第四十四章的"止足之戒"是相关的。

第九章最后一句"功遂身退，天之道"在河上公本中写作"功成名遂身退，天之道"，多了"成名"二字。我们日本人更熟悉的便是"功成名遂身退，天之道"这种说法。

柔弱者生（第七十六章、第七十八章）

"柔能制刚"是一句脍炙人口的话语。这句话可见于兵书《三略》。老子所说的柔能战胜刚，与这句话意思相同。《老子》第三十六章中的"柔弱胜刚强"就直接表达了此意。第七十六章和第七十八章稍微详细地对柔战胜刚做出了进一步说明。

第七十六章内容如下。

> 人之生也柔弱，其死也坚强。万物草木之生也柔脆，其死也枯槁。故坚强者死之徒，柔弱者生之徒。是以兵强则不胜，木强则折。强大处下，柔弱处上。

人生下来的时候是柔软弱小的，死的时候就变得坚固僵硬了。草木等所有植物刚生长出来时是柔软而有弹性的，死的时候就变得干硬枯槁了。所以僵硬的东西是死者的同类，柔弱的东西是生者的同类。因此，仅仅使用武器等坚硬的器物无法取得胜利，树木过于枯槁就会折断。坚固巨大之物处于下位，柔软弱小之物居于上位。

此章老子关注的是人和草木等所有生物生和死的状态。婴儿的身体柔软而弱小。《老子》中还有其他两处也注意到了婴儿身体的柔软。一处是先前提到过的第十章的"专气致柔，能婴儿乎"，另一处是第五十五章的"含德之厚，比于赤子……骨弱筋柔而握固"。婴儿的身体无比柔软，在这柔软弱小的身体中蕴含了坚韧的生命力。草木也如此，刚发新芽时是柔弱到仿佛手一触摸就会被碰坏的绿。不仅是草木，世间万物在活着的时候都是柔韧而富有弹性。然而一旦死亡，人的身体会僵硬，草木也会枯槁。看到人、草木等这样的情况，老子总结出的结论是"坚强者死之徒，柔弱者生之徒"。此外，"木强则折"在此章引用的底本中写作"木强则共"，笔者根据《列子·黄帝》中的引用文献等资料，在此处将"共"字改为"折"字。

由自然状态推导出的结论直接成为了人生在世的处世哲学。以耸肩抱肘的骄傲姿势、强行勇猛前进的方式生活是十分危险的。就像是过于坚固的木头容易折断那样，这种生活方式最终会走向死亡。与之相比，老子更认同看起来弱小，实际上却是柔韧而富有弹力的生活方式。很多人觉得《老子》认为柔弱的生存方式更胜一筹体现了《老子》对女性化事物的高度评价。对女性化事物（"雌""牝"）的重视，可见于第十章的"天门开阖，能为雌乎（天门开闭时，万物生长变化，还能继续保持女性般柔软的态度吗？）"。前文中讨论过的第二十八章的"知其雄，守其雌，为天下谿"也有所体现。还有第六十一章的"牝常以静胜牡"也是相关内容。老子用与世人不同的方式进行观察，最后认为能够取得胜利、处于上位的并非表现得很强硬的人，而是那些采取柔韧的生活态度之人。第七十六章最后一句"强大处下，柔弱处上"说的就是这个意思。

作为柔软之物的象征，除了婴儿和女性，老子还举出了一个事物，那就是"水"。接着来看第七十八章。

天下莫柔弱于水。而攻坚强者，莫之能胜。以其无以易之。
弱之胜强，柔之胜刚，天下莫不知，莫能行。是以圣人云，受国之垢，是谓社稷主，受国不祥，是为天下王。正言若反。

天下再没有什么事物比水更柔弱了，而想要攻克坚强却没有什么事物可以胜过水。因为没有什么事物能够改变水的性质。

弱胜过强，柔胜过刚，天下没有人不知道这个道理，却没有人能实行。所以圣人说："能够以己身承受全国的屈辱之人，是社稷（国）之主；能够以己身承受全国的祸灾之人，是天下的王者。"真正正确的话，听起来却像是跟世间的常识相反。

此处说天下之物没有什么比水更柔弱，是着眼于水没有固定的形状，能够根据被放置的不同场所改变形状的柔软性质。水乍看是柔弱的。它没有自己的主张，根据周围的形状发生变化，流向低处。然而，看似柔弱的水反而具有打败坚强之物的力量。例如水滴穿岩，又如大河里的波涛能够冲击岩石将其卷入江中。此外，有人认为此章的叙述与战国时代攻克敌国时的水攻战术相关。水凭借它柔弱的性质取得最后的胜利，《老子》第四十三章的"天下之至柔，驰骋天下之至坚（天下最柔弱的事物任意驱使着天下最坚硬的事物）"说的也是这个道理。看到水这样强大的力量，人人都明白了"弱之胜强，柔之胜刚"的道理，但是却没有人将其作为自己的处世原则去执行。那是因为当自己处于柔弱的立场时还是会意识到羞耻或者屈辱，这种意识阻碍了人们去实践这种处世哲学。

第七十六章的"柔弱"，侧重于"柔韧"；而第七十八章的"柔弱"，侧重于"弱"。并且这个"弱"还与屈辱和灾祸相关。将包含了被人厌恶的辱蔑和灾祸的"弱"全然接受，并且还把柔弱贯彻到底，这种做法在现实中是很困难的。更何况是将全国的屈辱和灾难都引向自己，这就更不可能做到了。然而，老子却说，能够做到这些的才是真正的王者。真正的王者身处于低位，并将所有的事物都全盘接受的行为还可见于第六十六章："江海所以能为百谷王者，以其善下之，故能为百谷王（大江大海之所以能够汇集众多谷川之水成为王者，是因为它们谦逊地处于地势较低的地方，故而能成为百川之王）。是以欲上民，必以言下之，欲先民，必以身后之。"

第七十八章最后一句"正言若反"也是老子的名句。圣人说，真正的王者与世间的常识是不同的。圣人的话看似错误，实际上他说的是真正正确的话。因为世间常识都认为王者拥有无人能及的光荣和幸福。本书中也多次提到，《老子》一书中穿插着许多"正言若反"似的悖论性表达。"柔弱胜于刚强"就是一个很好的例子。以出人意料的悖论式表达来揭示真理，这就是《老子》在语言上的魅力。

不争（第八章、第二十二章、第八十一章）

最后来看论述《老子》处世教诲中关于"不争"的章节。首先是第八章。

上善若水。水善利万物而不争，处众人之所恶。故几于道。
居善地，心善渊，与善仁，言善信，正善治，事善能，动善时。
夫唯不争，故无尤。

最上等的善，好像水一样。水善于滋润万物而不与万物相争，停留在众人都不喜欢的低处，所以最接近于道的理想状态。

作为居所，处于低处的大地是好的；作为心的理想状态，如同渊谷般深邃是好的；与人交往，善良的人是好的；说话要真实守信才是好的；为政要精于治理才是好的；面对事情，有能力解决是好的；行动的时候，把握时机才是好的。

（能够领悟到水的理想状态的人）他是从不会与人争夺的，因此他也不会被人怨恨。

此章始于那句著名的"上善若水"。老子第二章中的"天下皆知美之为美，斯恶已。皆知善之为善，斯不善已"，是对相对意义上的善恶的否定。然而，第八章中的"上善"并非相对意义上的善，而是与道相关的绝对的善。老子在此处也用水作比喻，认为"上善"像水一样。水给予万物无穷无尽的恩惠。水滋润万物，万物得到水的滋养才能生长繁殖。但是水却不会夸耀自己伟大的功绩，也不与谁相争，在人们厌恶的低处静静地流淌着。老子认为水这样的存在方式才接近于"道"。水的形态是"有"，"道"的形态是"无"，因此水和"道"并不完全相同，所以说水"几"于"道"。另外，从"居善地"开始，隔开中间部分，最后回到"夫唯不争，故无尤"，像是对人反复叮咛嘱咐一般。中间的部分与前后两段的联系并不密切，不妨将其看作老子教导世人，应当像水那样处世为人。最后一句阐明了此章的主旨：要像水那样与人无争地生活着，那样的话就能不招人怨恨，无灾无难地度过一生。

第二十二章也论述了"不争"的重要性。

曲则全，枉则直，洼则盈，敝则新。少则得，多则惑。
是以圣人抱一，为天下式。不自见故明。不自是故彰。不自伐故有功。不自矜故长。
夫唯不争，故天下莫能与之争。古之所谓曲则全者，岂虚言哉。诚全而归之。

树木因为弯曲，故得以保全寿命；尺蠖爬行时因为弯曲，所以才能伸展得笔直；土地的低洼之处才能盈满水；衣服要破旧以后才能更新。少才能够获得满足，多则让人迷惑。

因此，圣人坚守"一"之道，并将其作为天下的模范。不炫耀自己的见识，所以能够看透事物。不自以为是，反而能彰显自己的正确。不夸耀自己的功绩,反而能取得功劳。不因为自己的才能而骄傲,就得以长久。

因为(圣人)原本就不与人争,所以世间无人能与他争。古人所说的"曲则全"怎么可能是胡言乱语呢?那样做的确能够保全其身,能够完全地回归于大自然。

从此章最后的"古之所谓"中可以看出,开头的"曲则全"应该是古时广为人知的一句格言。树木因为弯曲得以保全寿命,是指笔直的树木可以当作木材,因此很快就会遭到砍伐;而那些弯曲生长、节疤较多的树木因为难以作为木材而无人砍伐,故得以保全。从世人的标准看来无用的东西反而获得了幸运,保全了天寿。这种思想在《庄子》中也屡屡可见。例如《逍遥游》《人间世》《山木》等篇章中也可见相似的内容。而"枉则直"可以认为是从尺蠖的动作中衍生出的话语。在《易经·系辞下》中有"尺蠖之屈,以求信也"。这是说尺蠖爬行时因为能够弯曲,所以才能伸展得笔直,在一曲一伸中得以前行。"洼则盈"是以土地和水为喻,"敝则新"是以衣服为喻,这两句都是为了说明处于不好的状态才能获得好的事物。第一段中的"曲""枉""洼""敝"在世人的常识中都被认为是不好的事物,人们都想尽可能地回避这些状态。老子却说经历过这样的状态,才能在下个时刻获得真正的极好之物。从这段话可以读出老子用树木、昆虫、土地、水、衣服等身边的日常事物作比喻,用来阐述意志坚定地度过困境以后就能取得最后胜利的处世教训。老子将"曲"与"全"、"枉"与"直"、"洼"与"盈"、"敝"与"新"等四组世间常识中相反的概念用"则"字相连,组成三字一句的句式。这种相同的句式反复使用,用来颠覆常识。这也是老子擅长的悖论式手法的使用。

"圣人抱一,为天下式"说的是圣人的理想状态就是牢牢地守护住作为万物初始的"一",也就是"道",因此圣人成了天下的模范。第三十九章的"天得一以清,地得一以宁,神得一以灵,谷得一以盈,万物得一以生,侯王得一以为天下贞(天下之王)",说的也是获得"一"的重要性。"抱一"的圣人不会凸显自己,不会夸耀自己的见识和功绩。因此圣人可以看清事物,能够长久地保持功绩。

圣人不会与他人相争。因为不与人相争,故没有人可以和圣人相争。其结果就是圣人不会受到伤害,能够完整地保全上天赐予的寿命。圣人这样的生存方式与弯曲的大树的生存方式是相似的。最后,老子以格言的形式再次重复了"曲则全"以确认其正确性,并说"诚全而归之"。"诚全而归之"可以理解为保持父母授予的身体不受任何损坏地过完一生。这种解释与儒家提倡的"孝"道相关。前文中可以看到,老子虽然对儒家思想展开了尖锐的批判,但他批判的是将"孝"当作一种强制性的规范,而没有否定人们心中自然地想要尽孝的感情。保护上天授予的身体不受伤害,得以保全天年从而回归于大自然之中,这也是老子期盼的理想。老子认为,为了实现这种理想,"不争"是非常重要的。

《老子》中"不争"一词,除了上述的第八章和第二十二章以外还出现了五次,即"不尚贤,使民不争"(第三章),"以其不争,故天下莫能与之争"(第六十六章),"善为士者不武……是谓不争之德"(第六十八章),"天之道,不争而善胜"(第七十三章)以及稍后会介绍的第八十一章。

另一方面,还有一些句子没有使用"不争"一词,但表达的内容相似。例如"报怨以德"(第六十三章)这句话,是人们熟知的表现老子宽容的名言。这句话也可以理解为规避纷争的方法。此外,前文提到的《老子》的君主论、政治论中,显示出明确的反战思想(第三十章、第三十一章、第四十六章)。那也可视为在国家层面上论述"不争"。老子就像这样反复地阐述着"不争"的问题。他坚定地认为即使是处于低于他人的位置,只要避开纷争,安稳地保全寿命,就是人遵循"道"的理想生存方式。

以上即是本书第二部分"畅游作品世界",笔者时常选取出《老子》的原文词句作为小节的标题来推进对《老子》的解读。最后来看《老子》的最终章,即第八十一章。内容如下。

信言不美,美言不信。善者不辩,辩者不善。知者不博,博者不知。
圣人不积。既以为人,己愈有。既以与人,己愈多。
天之道,利而不害,圣人之道,为而不争。
真实可信的话不漂亮,漂亮的话不真实。真正善良的人并不巧舌善辩，能言善辩的人不善良。真正有知识的人未必博识，博识的人未必真有知识。

圣人不积累财富。他在尽力帮助别人的同时，自己也变得越来越富足。在尽力给予别人的同时，自己所拥有的反而更多。

天之道即是，给予万物利益而不会损害万物。圣人之道即是，无论做什么事都不会与人争夺。

第八十一章并非一开始就置于《老子》的最后。在马王堆帛书中，此章和第八十章一起夹在了现行本的第六十六章和第六十七章之间。也就是说，马王堆帛书"德篇"的最后一章是现在的第七十九章。将第八十一章作为《老子》的末章是帛书写成以后的事情。虽然尚不明确究竟是谁人将此章置于最后，但从内容上看，将此章作为总结《老子》全书的终章是非常合适的。

第一段以"信言不美，美言不信"开头的六个分句，使用了对句和顶真的修辞手法来阐述真正值得信赖的事物。这三组对句中，每组的后一句是对前一句的翻转，这种手法从正反两面来确认前一句的正确性。第五十六章的名句"知者不言，言者不知"也是采用了这样的写法。老子认为真正值得信赖的、真实可信的，不是美丽之物，不是巧舌善辩之物，也不是博识之物，而应该是与之相反的情况。前述第八章也写到"言善信"。关于巧舌善辩，第四十五章也写到"大辩若讷（真正的雄辩，却如口拙）"。

"圣人不积"这句话写得简单又含蓄。不管是对于知识还是财货，圣人都不会将它们视为自己的私有物来积累。关于知识，第四十八章中写到"为学日益，为道日损。损之又损，以至于无为"。与其通过修"学"来增加知识，不如通过修"道"来减少知识。这句话也包含了圣人不积累知识的含义。将自己的所有物分给他人，看上去自己所拥有的减少了。但老子认为实际情况刚好相反，他反而获得了真正珍贵的事物。老子认为真正的富足是通过尽全力为他人付出而得到的，这样的言论显得带有一些宗教性质。

此章最后，老子举出了"天之道"和"圣人之道"来总结全文。老子在第七十七章中已经说过"天之道，损有余而补不足"，用以说明"天之道"的公平无私。此外他还说过"天之道，不争而善胜"（第七十三章），"天道无亲，常与善人"（第七十九章）。仿佛是要对"天之道"进行总结，老子在此章中又写到"利而不害"。天之道，只会给予万物利益而不会对他们造成损害。"圣人之道"是以"天之道"为模范。故而老子说："圣人之道，为而不争。"前文中已经指出，"圣人之治"即是"为无为"（第三章），即尽可能地接近"道"之"自然"，尽可能地接近人们自然地生活的政治。与"天之道"的"利"对应的是"圣人之道"的"为"，它们的共同之处是接近"道"之"自然"。此外，"道常无为而无不为"（第三十七章），"损之又损，以至于无为。无为而无不为"（第四十八章）等句中也出现了"为"。圣人领会了这些"为"的意思，就像天不损害万物那般，圣人也不会与他人相争夺。因为争夺就会造成损害。"不争"才是遵循"天之道"的"圣人之道"，《老子》

全书以此作为最后的论述。

　　《老子》一书在观察了万物根源之"道",思考人类的生活方式以后提出了回归于"道",回归于"自然"的观点。全书最后以"不争"一词结束。老子虽然给人留下了安静的印象,然而整本书带给世人的影响至今依旧在身边回荡。

结　语

今年夏天在东京的美术馆举办了一场名为"道教美术"（TAOISM ART）的展览。据说，东京的展览结束以后，主办方还计划在大阪和长崎巡展。日本美术素来以佛教美术为主，相较之下，道教美术显得有些陌生。这次会展是日本第一次以道教为中心的主题展览。笔者前几日前往会场，除了道教尊像以外，还看到了神仙思想、咒符信仰、阴阳道以及星宿信仰等与道教相关的各种作品被陈列其中，真是一场非常值得参观的展览。展品中有几幅老子的画像。除了著名的南宋牧谿所绘的《老子像》（冈山县立美术馆藏）是老子上半身的大幅画像（仅在图录中看见）以外，其余的很多画像都描绘了老子骑牛的画面。绘画的主题大多是老子将要离开关所的场景，即"老子出关"。

本书的卷首插图是江户时代的画家酒井抱一（1761—1828）所绘制的《老子像》。画中的老子也是骑坐在牛背上。相较于手持卷轴、表情严肃的老子，牛儿表情欢愉，脚步轻快。在整幅画沉着安静的配色中，牛背上钴绿色的坐垫给人留下格外深刻的印象。抱一在画的左上方自题了一段话，大意是"儒"想要教化民众却没有顺利推行,"佛"想要引导民众也没有顺利进行。相比之下,"道"承认万物各自的自然状态,因此"道"是伟大的。画家号"抱一",也是取自《老子》第十章和第二十二章中的"抱一"一词。这算是日本人接受《老子》思想以及"老子出关"传说的一个事例吧。

"老子出关"的场景也可以说是《老子》一书诞生的场景。1973年和1993年分别出土的帛书《老子》和楚简《老子》,带给了我们从前的研究者难以想象的恩赐。尽管如此,《老子》一书的成书过程依旧没有明确的结论。然而,《老子》书中的话语(或者说"后来被收集整理在题名为《老子》一书中的话语"更合适),历经两千多年却依旧被阅读、被传诵。细细想来,这是一件了不起的事情。

帛书《老子》是用微圆的、容易让人感到亲切的字体写成的,而楚简《老子》的字体纤细,如同绘画般美丽。久久凝视着这些文字,不由让人想到在西汉初年或是战国时代,究竟是什么人怀着怎样的心情写下这些文字的呢?在它们成为陪葬品被放进墓室之前,手捧着帛书或楚简的人,阅读《老子》的时候会想到什么呢?从竹简、绢帛书写的时代发展到用纸书写的时代,再到雕版印刷、活字印刷的时代,《老子》始终被传阅、被诵读。一部五千余字的小小著作,就算是抄写全文也花不了多少时间。曾经像抄写经书般抄写过《老子》的人,或者是能够背诵《老子》全文的人,恐怕难以计数。

直到21世纪的今天,老子依旧被许多人阅读。无论是中国的书店还是日本的书店，都有各种版本的《老子》陈列在书架上。现在的我们究竟在《老子》中寻求着什么呢？或许有的人以《老子》中"道"的思想为线索，思考着作为一个人在宇宙中存在的意义。或许有的人在日常生活中疲惫不堪，他们在《老子》中寻求治愈身心的话语。在社会秩序失去平衡、人际关系崩溃、价值迷失的当今社会中，或许还有一些人试图在《老子》留下的信息中摸索解决问题的线索。

《老子》是一部包容面很广的书籍。正如本书第一部分所言，《老子》既是一部寄托了民众的愤怒与再生祈求的著作，也是一部被国家公认并鼓励阅读的著作。它既可以作为一部阐述执政者思想准备的书籍，也可以作为被道教传授的圣典。此外，书中还有一些内容与佛教密切相关。在过去的历史中，根据不同读者的需求，《老子》接受了各种各样的解读。也许在将来的漫长岁月里，《老子》依旧会像这样被阅读、被传诵。

笔者已经不记得自己第一次阅读《老子》是在高中还是刚成为大学生的时候，但记得那是福永光司先生翻译的《老子》（朝日古典选[1]）。没有想到的是，笔者有幸从大学四年级起就在福永先生的指导下学习。先生总是说，中国思想史的研究必须包含佛教和道教。现在回顾本书第一部分中的《老子与佛教》《老子与道教》等章节，可谓是从福永先生那里所学的延伸。再一次深深地感受到福永先生对笔者悉心指导的恩情。

担任该系列丛书中《老子》的执笔，从议题到现在已经三年有余。刚开始虽然也有疑惑不安，然而以执笔者的身份面对《老

---

[1] 朝日新闻社出版的"新订中国古典选"。具体出版情况参见"参考文献"。——译注

子》的文本，重新审视围绕着《老子》的各种问题，对于笔者而言是十分宝贵的经验。在此，想要感谢给予我执笔机会的编者们。此外，还要感谢岩波书店编辑部的杉田守康、山本贤和奈良林爱，感谢你们的关照以及及时提供的各种帮助，让我在执笔过程中始终保持着好的心态。衷心地表达我的感谢。

二〇〇九年九月六日

神冢淑子

参考文献

一 全书参考文献

《老子》以及《老子》注释书的原典文献

（1）王弼本、河上公本、古本

宇佐美惠（号灊水）考订《老子道德真经》，明和七年（1770）刊。历代以来，王弼注及河上公注是《老子》的注释书籍的代表，然而两者依据的原文有若干差异。宇佐美灊水的考订本是王弼本中比较好的版本，也被称为明和本。《和刻本诸子大成》第九辑（汲古书院，1976）亦收录此本。

楼宇烈《王弼集校释》上下册，中华书局，1980。作者对上册里收录的《老子道德经注》王弼注施加了句读并进行了校释，便于读者阅读。《新编诸子集成》（中华书局，2008）中亦收录此书。

宋刻本《老子道德经河上公章句》（四部丛刊本）。根据宋建安虞氏刊本影印，附音释。

王卡点校《老子道德经河上公章句》，中华书局，道教典籍选刊，1993。该版本对河上公注施加了句读，亦作为四部丛刊的底本。该版本依照唐代的钞本（敦煌写本）、道教诸本进行了详细的校勘，方便读者阅读河上公注。

傅奕校定《道德经古本篇》(《道藏》第三四六册)。唐代傅奕校订。根据出土的帛书、楚简,可以断定该版本保留了古时《老子》文本的形态。

(2) 敦煌写本

大渊忍尔《敦煌道经·图录编》,福武书店,1979。其中第三篇《道德经类》中收录了三种《老子》敦煌写本的照片,即"无注本道德经""注疏本道德经"以及"其他"。大渊忍尔所著的《敦煌道经·目录篇》(福武书店,1978)是其姐妹编,对敦煌写本《老子》的正文及注释进行了校勘。

饶宗颐《老子想尔注校笺》,东南书局,1956。之后,该版本增订后再版,即饶宗颐《老子想尔注校订》(上海古籍出版社,1991)。饶宗颐在敦煌写本中发现了《想尔注》,并编写出版了活字本,他的详细研究也收录在此书中。

(3) 帛书、楚简

马王堆汉墓帛书整理小组编《马王堆汉墓帛书(壹)》(老子甲本及卷后古佚书、老子乙本及卷前古佚书),文物出版社,1974。含马王堆汉墓出土的帛书《老子》,及其卷前、卷后古佚书的图版(原尺寸照片)和释文,还有帛书《老子》甲、乙两本和傅奕本的三者对照表。

国家文物局古文献研究室编《马王堆汉墓帛书(壹)》,文物出版社,1980。此书与马王堆汉墓帛书整理小组编《马王堆汉墓帛书(壹)》的内容构成几乎相同,但是关于《老子》的部分添加了新的注释。

高明《帛书老子校注》,中华书局,新编诸子集成本,1996。

荆门市博物馆编《郭店楚墓竹简》，文物出版社，1998。收录了郭店楚墓出土的竹简《老子》的图版（原尺寸照片）和释文、注释。

廖名春《郭店楚简老子校释》，清华大学出版社，2003。

严灵峰《无求备斋老子集成》初编、续编，艺文印书馆，1965、1970。该书网罗了帛书、楚简以外的《老子》诸本，中国以及日本的《老子》注释以及《老子》的石刻等。

《老子》的翻译、研究类主要书籍

（1）《老子》的日语译本

阿部吉雄、山本敏夫、市川安司、远藤哲夫《老子·庄子（上）》，明治书院，新释汉文大系第七卷，1966。

福永光司《老子》，朝日新闻社，"新订中国古典选"第六卷，1968。译者福永光司即是名著《庄子——古代中国的实存主义》（中公新书，1964）的作者，他为1960年代以后的老庄思想、道教思想的研究做出了贡献。福永氏翻译了《老子》并进行了解说。兴膳宏将他翻译的《庄子》内外杂篇和《老子》合在一起整理、编纂成《老子·庄子》（筑摩书房，"世界古典文学全集"第一七卷，2004）。

小川环树译注《老子》，中公文库，1973。

斋藤晌《老子》，集英社，"全释汉文大系"第一五卷，1979。

麦谷邦夫《老子·列子》，学习研究社，"中国的古典"第二卷，1983。

木村英一译、野村茂夫补注《老子》，讲谈社文库，1984。

铃木喜一《马王堆老子》，明德出版社，"中国古典新书"续篇第六卷，1987。

金谷治《老子——无知无欲的规劝》，讲谈社学术文库，1997。

加岛祥造《道——老子》，筑摩书房，2000。

楠山春树《老子入门》，讲谈社学术文库，2002。

池田知久《老子》，东方书店，"马王堆出土文献译注"丛书，2006。该书以马王堆出土的帛书《老子》甲本为底本，包含训读、日文译文以及详细注释。

蜂屋邦夫译注《老子》，岩波文库，2008。

(2)《老子》的西文译本

Stanislas Julien, *Le livre de la voie et de la vertu: par le pbilosopbe Lao-Tseu*, Imprimerie Poyale, Paris, 1842.

John Chalmers, *The Speculations on Metaphysics, Polity and Morality of the Old Pbilosopber* Lau Tsze, Lau-Tsze, London, Trübner, 1868.

James Legge, *The Tao-Teb King* (Sacred Books of the East, Vol. XXXIX), Oxford University Press, London, 1891.

Arthur Waley, *The Way and its Power*, George Allen and Unwin, London, 1934.

Lev N.Tolstoi, *Lao si, Tao-Te-King*, Moscow, 1913. 小西增太郎在莫斯科大学留学时与托尔斯泰合译了《老子》的俄语译本。1968年在日本出版复制本，木村毅进行了详细的解说。另，木村毅《托尔斯泰、小西增太郎合译〈老子〉(俄语原本复制)解说》(日本古书通信社，1968)。

Jan J. L. Duyvendak, *Tao Te Ching, the Book of the Way and its Virtue*

(Wisdom of the East Series), London, 1954. 由荷兰莱顿大学的汉学家戴闻达翻译。最初的荷兰语译本完成于1943年，法语译本完成于1953年，英语译本完成于1954年。

以上是本书中提到过的西文译本。以下资料涉及《老子》的更多西文译本。

福井重雅《老子道德经的英译及其问题》，《东方宗教》第36号，1970。

Livia Kohn and Michael La Fargue, *Lao-tzu and the Tao-te-ching*, State University of New York Press, 1998, pp. 299–301.

山室三良《〈老子〉解说》，明德出版社，中国古典新书，1967。

（3）《老子》的研究

武内义雄《老子原始》，弘文堂书房，1926。

武内义雄《老子之研究》，改造社，1927。

以上两本后来都收录在了《武内义雄全集》第五卷（角川书店，1978）。这两本书主要以《老子》的文本校订、《老子》诸注释的简介等文献学研究为中心，考察了《老子传》的变迁和道家思想的推移。

津田左右吉《道家的思想及其展开》，东洋文库，1927。后来这本书修改标题后收录在《津田左右吉全集》第一三卷（岩波书店，1964）。该著作详细地论述了以老子为中心的道家思想的渊源及其对后世思想界的影响。

朱谦之《老子校释》，上海龙门联合书局，1958。后收入"新编诸子集成"（中华书局，1984）。关于《老子》的音韵，该著作以清代江有诰的《老子韵读》（收录于《音学十书》）为中心总结了诸家的言论。

木村英一《老子的新研究》，创文社，1959。该著作是关于《老子》的"道"的概念的研究，同时收录了考察从黄老到老庄·道教的发展过程的论文。

大滨晧《老子的哲学》，劲草书房，1962。该著作将《老子》的思想分为"道""无为""无欲""自然"等十三个主要概念进行考察，试图以此从整体上接近《老子》思想。

岛邦男《老子校正》，汲古书院，1973。该著作将《老子》的诸多版本以易于阅读的形式并列，并进行了校正。关于《老子》的诸多版本以及注释书籍的说明也十分详细。

上述文献不过是1970年代以前的主要研究的一部分，之后也有许多重要的研究书籍出版。迄今为止，日本、中国、欧美的学者关于《老子》的研究著作、研究论文数量已十分庞大。其中，本书第一部分的参考文献记录在后面的"各章参考文献"中。此外，《老子》的各种研究书籍、研究论文的总汇·一览可以参考以下书籍。

严灵峰编著《老庄列三子知见书目》上中下，中华丛书编审委员会出版，1965。上编第一部《老子知见书目》，下编第四部《三子论说目录》。

熊铁基、马良怀、刘韶军《中国老学史》，福建人民出版社，1995，520—526页。

二　各章参考文献

第一章　《老子》诞生之谜

陈垣编（陈智超、曾庆瑛校补）《道家金石略》，文物出版社，1988。在该书的98—99页记录了易州龙兴观道德经碑左侧和右侧（刻有制作石碑相关人员的名字）的铭文。

许抗生《帛书老子注译与研究》(增订本)，浙江人民出版社，1985。

汤浅邦弘《出土资料与老庄思想研究》，收录于加地伸行编《写给学习老庄思想的人》，世界思想社，1997年。

浅野裕一、汤浅邦弘编《诸子百家（再发现）——出土的古代中国思想》，岩波书店，2004。

池田知久《郭店楚简〈老子〉诸章的上段、中段、下段——〈老子〉的文本形成史》，《中国哲学研究》18，2003。之后，此论文又收录到池田知久《道家思想的新研究——以〈庄子〉为中心》(汲古书院，2009)。

泽田多喜男《〈老子〉考索》，汲古书院，2005。

楠山春树《老子——柔能制刚》，集英社，"中国的人和思想"4，1984。

第二章　如何解读《老子》

王德有点校《老子指归》，中华书局，道教典籍选刊，1994。该著作为严遵的《老子指归》施加句读，并辑佚了散佚的"道经"部分，更便于读者阅读。

泽田多喜男《〈老子〉王弼注考察一斑》，《东洋文化》第62号，

1982。

楠山春树《老子传说的研究》前篇"老子河上公注的研究",创文社,1979。

大渊忍尔《老子想尔注的成立》,《冈山史学》19,1967。该论文后收录于大渊忍尔《初期的道教》(创文社,1991)。

丸山宏《〈老子想尔注〉——论述道的实践的初期道教集团的〈老子〉解释》,《阅读道教经典》,大修馆书店,Asia Books,2001。

中嶋隆藏《唐玄宗皇帝的老子崇拜与〈道德经〉理解》,《六朝思想的研究》,平乐寺书店,1985。

麦谷邦夫《关于唐玄宗〈道德真经〉注疏中的"妙本"研究》,秋月观暎编《道教与宗教文化》,平河出版社,1987。

武内义雄《日本的老庄学》,岩波文库《老子》附录,1938。之后收录在《武内义雄全集》第六卷(角川书店,1978)。

福永光司《江户时期的老庄思想》,《道教与日本文化》,人文书院,1982。

池田知久《日本对林希逸〈庄子鬳斋口义〉的接受》,《二松学舍大学论集》31,1988。之后收录于池田知久《道教思想的新研究——以〈庄子〉为中心》(汲古书院,2009)。

大野出《日本的近世与老庄思想》,ぺりかん社,1997。

山室三良《欧美对〈老子〉的接受》,《福冈大学人文论丛》四卷二号,1972。

康德谟著,坂出祥伸、井川义次译《老子与道教》,人文书院,2001。

第三章 老子与佛教

吉川忠夫译《大乘佛典（中国·日本篇）4：弘明集·广弘明集》，中央公论社，1988。

森三树三郎《老庄与佛教》，法藏馆，1986。该著作之后收录在讲谈社学术文库，2003。

浅野裕一《黄老道的成立与展开》，创文社，1992。

泽田多喜男译注《黄帝四经》，知泉书馆，2006。

吉冈义丰《道教与佛教》第一，日本学术振兴会，1959。

索安（Anna Seidel）《东汉的老子神格化》，吉冈义丰、苏远鸣（Soymie Michel）编《道教研究》第三册，丰岛书房，1968。

楠山春树《老子传说的研究》后篇第一章《老子神话的发祥》，创文社，1979。

菊地章太《老子神化——道教的哲学》，春秋社，道教的世界系列3，2002。该著作包含对《老子铭》与《老子变化经》的全文注释和解说。

菊地章太《神咒经研究——六朝道教救济思想的形成》第二部第一章《〈老子变化经〉的成立》，研文出版，2009。

吉冈义丰《老子化胡经的原初形态》，《道教与佛教》第三，国书刊行会，1976。

前田繁树《初期道教经典的形成》第二编《老子化胡经的研究》，汲古书院，2004。

福永光司《佛教的汉译与中国古典学》，《中国的哲学、宗教、艺术》，人文书院，1988。

松村巧《无与空》，岩波讲座·东洋思想第一四卷《中国宗教思想》

2,岩波书店,1990。

神冢淑子《往与还》,岩波讲座·东洋思想第一四卷《中国宗教思想》2,岩波书店,1990。

第四章 老子与道教

大渊忍尔《初期的道教》前篇"中国民族性宗教的成立",创文社,1991。

森三树三郎《老子·庄子》,讲谈社,人类知识性遗产五,1978。之后收录在讲谈社学术文库,1994。

神冢淑子《〈太平经〉的世界》,讲座道教第一卷《道教的众神与经典》,雄山阁出版,1999。

神冢淑子《南北朝的道教造像——以宗教思想史的考察为中心》,砺波护编《中国中世文物》,京都大学人文科学研究所,1993。之后收录在神冢淑子《六朝道教思想的研究》(创文社,1999)。

Stephen Little, *Taoism and the Arts of China*, The Art Institute of Chicago, 2000。芝加哥美术馆"道教与中国美术"特别展图录。该图录收录了老君像以及与历代老子、道教相关的美术作品。

斋藤龙一编《道教美术 TAOISM ART》,读卖新闻大阪本社、大阪市立美术馆,2009。此书是最早的以道教为主题的美术展图录,收录了日本所藏的老君像(含拓本),日本画家创作的老子图以及与老子、道教相关的众多美术作品。

王卡《敦煌道教文献研究——综述·目录·索引》,中国社会科学出版社,2004。

楠山春树《道德经类》，敦煌讲座4《敦煌与中国道教》，大东出版社，1983。之后收录在楠山春树《道家思想与道教》（平河出版社，1992）。

朱大星《敦煌本〈老子〉研究》，中华书局，2007。

大渊忍尔《老子道德经序诀研究》，《道教史研究》，冈山大学共济会书籍部，1964。

福永光司《自然与因果——老庄道教与中国佛教》，《中国的哲学·宗教·艺术》，人文书院，1988。